Adolf Ott

Die Fagara Seidenraupe aus China

Ihre Geschichte, ihre Zucht und ihre Futterpflanze

Adolf Ott

Die Fagara Seidenraupe aus China
Ihre Geschichte, ihre Zucht und ihre Futterpflanze

ISBN/EAN: 9783743495999

Hergestellt in Europa, USA, Kanada, Australien, Japan

Cover: Foto ©berggeist007 / pixelio.de

Manufactured and distributed by brebook publishing software
(www.brebook.com)

Adolf Ott

Die Fagara Seidenraupe aus China

I.
Die Fagara-Seidenraupe
(Bombyx cynthia *Drury*)

aus China.

Ihre Geschichte, ihre Zucht und ihre Futterpflanze.

Nach
den neuesten Quellen dargestellt
von
Adolf Ott,
Aktuar der schweiz. entom. Gesellschaft.

Mit zwei Holzschnitten und einer lithographirten Tafel.

Zürich,
Schabelitz'sche Buchhandlung.
1861.

Einleitendes Vorwort.

Seit einer Reihe von Jahren beschäftigt man sich mit der Einführung neuer Seidenraupen in die europäischen Länder. Zwei Momente waren es, welche diese Versuche hauptsächlich begünstigten, nämlich die immer weiter um sich greifenden Epidemicen der Maulbeerseidenraupe und die Bildung von sog. Acclimatisations-Gesellschaften und es haben jene Bestrebungen, in Frankreich einen besonders vortheilhaften Boden gefunden. Französische Gelehrte sind es — und vor Allem Guérin-Méneville, der verdiente Forscher im Gebiete der Seidenzucht — die sich um dieselben die grössten Verdienste erworben haben. Unter der nicht geringen Anzahl von Seiden-Insecten, deren Acclimatisation versucht wurde, sind es zwei, welche gegenwärtig die schönsten Hoffnungen erwecken: die eine ist die sog. *Eria-* oder Ricinusseidenraupe aus Indion, die andere die Fagararaupe aus dem Norden von China.

Beide werden in ihrem Vaterlande im Freien und auf den Nahrungspflanzen selbst gezüchtet, ihre Producte werden auf mancherlei Weise verarbeitet und die hieraus gefertigten Stoffe dienen seit Jahrhunderten zur Bekleidung von Millionen von Menschen.

„In mehreren Gegenden Indiens", so schrieb schon 1802 Aktinson an den bekannten Botaniker Roxburgh, „wird die Seide der Ricinusraupe zur gewöhnlichen Kleidung der ärmern Klassen und allgemein zur Winterkleidung benutzt. Der Stoff ist von Ansehen schlaff und grob, besitzt aber eine ausserordentliche Dauerhaftigkeit. Das Leben einer Person reicht selten hin, um ein Kleid von solchem Gewebe abzunutzen, so dass ein und derselbe Stoff oft von der Mutter auf die Tochter übergeht."

Und hören wir, was schon 1740 ein französischer Missionär über die chinesische Seidenraupe sagte: „Ihr Gewebe wird von Millionen von Menschen als Kleidungsstoff verwendet, es ist eine Quelle des Reichthums für China selbst, obschon in jedem Jahre eine so ausserordentliche Quantität von Maulbeerseide geerntet wird, dass man hieraus Berge würde thürmen können."

Solche und ähnliche Aeusserungen finden sich noch viele. —

Nach manchen vergeblichen Bemühungen wurde 1854 die Ricinusseidenraupe und zwei Jahre später die Fagararaupe in Europa eingeführt; die Umstände waren den ersten Versuchen günstig und so verbreiteten sich die beiden Insecten rasch über den ganzen Continent. Ihre Acclimatisation kann gegenwärtig als eine vollkommen gelungene betrachtet werden.

Wir werden uns in folgendem beinahe ausschliesslich mit der Fagaraseidenraupe beschäftigen.

Wir verdanken den rastlosen Arbeiten von Herrn Guérin-

Méneville so zu sagen alle Versuche, die bisher mit derselben unternommen worden sind. Auf dessen Veranlassung nahm sich die französische Acclimatisations-Gesellschaft — ein Institut, das mit Recht ein grossartiges genannt werden darf — und selbst Napoléon III. der Sache an. Wir dürfen uns also nicht wundern, dass die Zucht des neuen Culturgegenstandes in Frankreich binnen wenigen Jahren wirklich grosse Dimensionen angenommen hat, während wir in unserm Vaterlande damit noch beinahe völlig unbekannt sind.

Zweck der vorliegenden Schrift ist es aber, die Einführung des in Rede stehenden Insectes auch bei uns anzuregen. Möge diese meine Absicht eine gute Aufnahme finden!

Es haben sowohl im Norden als im Süden von Frankreich, sowie auch einige in der Schweiz gemachte Versuche die folgenden Resultate ergeben.

Die neue Seidenraupe kann jährlich zwei Ernten liefern. Sie kann im Freien, auf der Nahrungspflanze — dem Götterbaume oder drüsigen Ailantus — selbst und beinahe ohne Handarbeit gezüchtet werden.

Die Sorgen, welche diese Zuchten erfordern, wird Jedermann übernehmen können; sie sind besonders dann wenig kostspielig, wenn man sich einer regelrechten Cultur des Götterbaumes und seiner Raupe hingibt.

Der Götterbaum kann auf einem Terrain cultivirt werden, das weder für den Wein-, noch Getreide-, noch Wiesenbau taugt.

Das Product der neuen Raupe — Ailantine oder Fagarine — kann nicht gehaspelt, sondern es muss versponnen werden; seine Eigenschaften sind um vieles vorzüglicher als diejenigen der gewöhnlichen Galletseide, die Fasern zeichnen sich durch eine ungewöhnliche Stärke aus und können sowohl zu den feinsten als zu den gröbsten Geweben verarbeitet werden. — In der Schweiz werden jährlich 16—20,000 Centner rohe Seidenabfälle, welche man zum weitaus grössten Theile aus Italien bezieht, verarbeitet. Der grösste Theil der Gespinnste wird für verschiedene Verwendungen nach Frankreich, Preussen, Sachsen und Oesterreich meistens auf directe feste Bestellungen ausgeführt.

In zweiter Linie kann und wird die neue Gespinnstmaterie mit der Baumwolle concurriren. — Ihr Glanz, ihre Stärke, ihre Leichtigkeit, ihre Eigenschaft, im Sommer eben so kühl als im Winter warm zu halten, werden ihr bald den ersten Rang unter den Bekleidungsgeweben einräumen.

Wir vermögen natürlicherweise hier nicht anzugeben, welche Ersparnisse für unser Land aus einer allgemeinen Cultur der Fagaraseidenraupe hervorgehen könnten, aber es kann kaum zweifelhaft bleiben, dass die jährlich und in immer grösserm Maasse für jene beiden Materialien — Baumwolle und Seidenabfälle — verausgabten Summen hiedurch bedeutend vermindert würden.

Wir werden später hierauf zurückkommen. In einem ersten Abschnitte der vorliegenden Schrift werden wir nun die Geschichte, in einem zweiten die Lebensweise und das Product des Insectes besprechen, in einem dritten gehen wir zur Züchtung desselben über und werden in einem vierten Abschnitte mit der Naturgeschichte und der Cultur der Futterpflanze schliessen. — Für die beiden letzten Abschnitte haben wir ausser den botanischen Mittheilungen unseres Freundes Herrn Dr. Brügger von Churwalden hauptsächlich die vielfach bekannten Arbeiten*) von Herrn Guérin-Méneville benutzt. —

Möge zum Schlusse noch eine Rechtfertigung betreffend unsere Namengebung der „Fagaraseidenraupe" hier eine Stelle finden.

Die chin. Seidenraupe lebt in ihrem Vaterlande auf zwei verschiedenen Bäumen, nämlich auf dem Fagara-**) und dem Götterbaume***). Ersterer liefert uns in seinen, seit alten Zeiten auch unter dem Namen *Baccae Fagarae*, d. h. Fagarabeeren, im Droguenhandel vorkommenden Saamenkapseln, den sog. japanesischen Pfeffer (*Piper japonicum*). In dem bekannten Pflanzensystem von Linné wurde der Name Fagara auch zur Bezeichnung einer besonderen Gattung benutzt; da aber deren Arten keine hinlänglich wichtigen Unterschiede darboten, um sie von einer andern (der Gattung *Ailantus* nahe verwandten) Gattung, *Zanthoxylon Kunth*, generisch zu trennen, so wurde die Gattung *Fagara* eingezogen und mit letzterer vereinigt, um so mehr als Jaquin, Adanson, Lamark und andere sie verschieden auffassten. Nach dem natürlichen Systeme von Endlicher dient der Name Fagara jetzt nur noch zur Bezeichnung einer Ab-

---

*) Sie mögen hier angeführt werden; es sind die beiden folgenden:
Rapport à S. M. l'Empereur sur les travaux entrepris par ses ordres pour introduire le ver à soie de l'aylanthe en France et en Algérie.
Education des vers à soie de l'ailante et du ricin et culture des végétaux qui les nourrissent. Paris 1860.

**) Fagara piperita Linné. Zanthoxylon piperitum *D. C.*

***) Ailanthus glandulosa *Desfontaines*, auf Amboina *Ailanto*.

theilung der sehr artenreichen Gattung *Zanthoxylon*, aus der Familie der *Zanthoxyleen* oder Gelbholzarten. Die Pflanzen dieser Familie, zu welcher auch *Ailantus* gehört, zeichnen sich sämmtlich durch den Gehalt eines eigenthümlichen Bitterstoffes (*Xanthopikrit*), von Harzen, aetherischen Oelen und gelben Farbstoffen aus.

Jener Bitterstoff macht einen Hauptbestandtheil der erwähnten Fagarabeeren aus. Als in den Blättern der Nahrungspflanzen unserer Raupe ebenfalls enthalten, scheint er bei der Bildung der Seidenfaser eine wichtige Rolle zu spielen*). Wir glaubten desshalb den aus der bot. Terminologie entfernten, so wohlklingenden Namen Fagara um so eher wieder zu Ehren ziehen zu dürfen, als jener Fagarastrauch nun in Europa eingeführt ist, überdiess aber der wissenschaftliche Name unseres Seideninsectes, *Bombyx cynthia*, schon so vielfach zu bedauernswerthen Verwechslungen Anlass geboten hat.

Wenn Herr Guérin-Méneville die Raupe „ver à soie de l'aylanthe" nannte, so mag dies im Französischen wohl besser klingen, als in unserer Sprache der Name Aylanthusraupe, ein Name, der überdiess, im Hinblick auf *Bombyx mori*, zu der irrigen Voraussetzung führen könnte, dass unser Insect ausschliesslich auf den Götterbaum als Futterpflanze beschränkt sei.

Schliesslich die Mittheilung, dass sowohl Graines der Raupe, als Saamen und Pflanzen des Götterbaumes zu den billigsten Preisen durch mich zu beziehen sind.

Seefeld bei Zürich, im März 1861.

Der Verfasser.

---

*) Meine bisherigen Versuche mit den Futtersurrogaten von *Ricinus communis* bei der Erisraupe lassen dies wenigstens vermuthen.

Erster Abschnitt.

Geschichte
der Fagara-Seidenraupe.

Während der Maulbeer-Seidenspinner — dieser erste Werkmeister des Reichthums der Nationen — uns schon seit mehreren Jahrhunderten bekannt und auch in den europäischen Ländern längst eingeführt ist, kennen wir die Seidenraupe, welche wir in vorliegender Schrift behandeln werden, kaum seit hundert Jahren. Zwar haben uns zwei Niederländer, die Herren Peter de Goier und Jacob Weiser schon um 1650 über selbige berichtet, allein ihre Mittheilungen sind so vager Natur, dass wir uns weder über die Lebensweise, noch über die Züchtung des betreffenden Insectes einen rechten Begriff schaffen können.

Erst 1740 erhielten wir durch den französischen Missionär d'Incarville, der im Auftrage des Ministers und mehrer Gelehrten seines Landes eine Denkschrift über chinesische Seiden-Insecten ausarbeitete, auch bessere Berichte über unsere Seidenraupe. Hören wir, was Incarville unter Anderm sagt:

„Die *wilden Seidenraupen* werden im Freien und auf den Nahrungspflanzen selbst, der *Fagara* und der Esche gezogen."
. . . . „Sie halten sich zum Verwundern auf der Unterseite der Blätter, wo es ihren Feinden schwer hält, sie anzugreifen. Wenn sie sich gesonnt und an die Einwirkung der Luft gewöhnt haben, so fangen sie an, die Blätter am Rande anzugreifen, sie ritzen sie auf und fressen fast ohne auszuruhen. Gerade am ersten Tage, da ich meine eben ausgekrochenen Räupchen auf einen Baum getragen hatte", erzählt derselbe,

"kam ein heftiges Gewitter über sie, was mir grosse Unruhe verursachte. Ich glaubte, dass es mit ihnen aus sei und dass keines diesen Strömen Wassers entgangen wäre; sobald aber das Wetter vorüber war, ging ich, um zu sehen, ob ich noch einige finden würde. Ich fand sie wirklich alle, wie sie mit grossem Appetite frassen und wie sie merklich grösser geworden waren. Weit entfernt, dass der Regen ihnen schade, befriedigt er sie erst recht durch die Frische, die er im Luftkreise verbreitet, und ferner durch die Flucht aller ihrer Feinde; ja noch mehr, sie leiden von der Trockenheit, weil die Blätter ihrer Nahrungspflanze dann der Säfte entbehren: die Raupen werden hartleibig."

"Die *wilden Raupen* mausern sich viermal und die Häutungen liegen etwa vier Tage aus einander. Am dritten Tage fressen sie wenig, aber am vierten Tage, da sie sich kaum von ihren Hüllen entledigt haben, suchen sie sich reichlich für die schmale Diät des vorhergehenden Tages zu entschädigen, hauptsächlich dann fangen sie so zu sagen zusehends zu wachsen an."

In dieser Weise, welche sich eher für eine Kapuzinerpredigt, als für eine naturhistorische Schilderung eignet, fährt der gute Pater fort. Er spricht von den Hornissen, Wespen, Ameisen und Raben, die nach dem Leben der jungen Thierchen trachten. Doch vergisst er dabei nicht, auch die Vorrichtung zu besprechen, welche die Chinesen getroffen haben, um all' diese Feinde abzuhalten. „Seh'n Sie, was man erdacht hat, um sie gegen jene kleinen Vögel zu beschützen", ruft er aus, „man rundet die Krone der Fagara- und Eschenbäume ab und umgibt sie mit einem Netzgestricke mit so engen Maschen, dass die Vögel nicht auf die Raupen gelangen können."
. . . . „Wenn wir Alles zusammenfassen", schliesst Incarville, „so wird es offenbar, dass die *wilden Raupen* in mancher Hinsicht leichter zu züchten sind, als die Maulbeer-Seidenraupen, sie würden es vielleicht verdienen, dass das öffentliche Ministerium ihnen seine Aufmerksamkeit widmen würde." . .
. . „Was wir noch hinzufügen wollen, ist, dass diese Raupen eine Quelle des Reichthums für China selbst sind, obschon jährlich eine so ausserordentliche Quantität von Maulbeerseide geerntet wird, dass man, mit einem neuern Schriftsteller zu sprechen, hieraus Berge würde thürmen können." —

Möge der Leser uns die weitläufigen Excerpte aus der Denkschrift des genannten Missionär's mit der Mittheilung entschuldigen, dass eben diese Denkschrift bis in die letzten Jahre allein es war, welche uns weitere Nachrichten über die Fagaraseidenraupe bieten konnte. Zwar haben uns manche Gelehrte Abbildung und Beschreibung ihres Spinner's gegeben, so Daubenton der Jüngere, der Mitarbeiter und Freund des grossen Buffon. Er nannte das Insect *le croissant*, wahrscheinlich der halbmondförmigen Figuren wegen, die sich in Mitten seiner Flügel befinden. D. Drury, Verfasser eines schönen entomologischen Bilderwerkes, gab uns 1773, Pieter Cramer, ein holländischer Zoologe, 1779 Abbildung und Beschreibung des in Rede stehenden Insectes; aber keiner von allen liess es sich träumen, dass er von dem famosen chin. Seiden - Producenten sprach, den Incarville seiner Zeit einer so ausführlichen Besprechung unterworfen hatte, und Niemand kannte weder sein Cocon, noch seine Raupe, noch deren Nahrungspflanze.

Wir dürfen nicht unerwähnt lassen, dass Drury der erste war, welcher unsern Spinner mit dem wissenschaftlichen Namen *Bombyx cynthia* bezeichnete.

Allein derselbe sollte noch mit einer andern Art verwechselt werden.

Zu Anfang dieses Jahrhunderts, im Jahre 1804, gab uns der bekannte Botaniker Roxburgh Mittheilungen über eine andere, unserer *Bombyx cynthia Drury* sehr verwandte Art, welche in Hindostan einheimisch, von den Eingebornen im Freien und auf der Nahrungspflanze (*Ricinus communis* L.) selbst gezogen wird. Da nämlich dieser Spinner in Zeichnung und Farbe mit den von den genannten Autoren gegebenen Abbildungen viele Aehnlichkeit besitzt, so glaubte Roxburgh, dass sein Falter derselben Art angehöre und er beschrieb ihn unter dem Namen der letztern. Er verwechselte die beiden Arten. Spätere Schriftsteller haben diesen Irrthum angenommen, der nur auf den unvollständigen Beschreibungen und Abbildungen der indischen Art basirte.

Nach manchen vergeblichen Bemühungen wurde nun im Jahre 1854 letztere, die Ricinusseidenraupe, durch die Herren Baruffi und Bergonzi in Italien eingeführt, sie verbreitete sich von da rasch über den ganzen Continent und ihre Acclimatisation kann gegenwärtig als eine vollkommen gelungene betrachtet werden. Es war gerade damals, als ein reges Streben für die Einführung fremder Seideninsecten erwachte;

neuere Forschungen ergaben, dass sowohl im Innern von Asien und America, als auf Madagascar und selbst im Innern Africa's Seideninsecten gezogen werden, von welchen man im Allgemeinen früher keine Ahnung hatte.

Möge der Leser es uns gestatten, dass wir hier in Kürze auf zwei Raupen aufmerksam machen, die wir in keiner der neuern Schriften erwähnt gefunden haben.

Wir fanden nämlich in den Mémoires de Trevoux, vom Monat October 1704, folgende Stelle:

„Dans la Province d'Yucatan, le vernis le plus ordinaire est une huile faite avec certains. Vers qui viennent sur les arbres du pays. Ils sont de couleur rougeâtre, et presque de la grandeur des Vers à soie. Les Indiens les prennent, les font bouillir dans un chaudron plein d'eau, et amassent dans un autre pot la graisse qui monte au-dessus de l'eau: cette graisse est le vernis même; il devient extrèmement dur en se figeant, mais pour l'employer, il n'y a qu'à le faire chauffer."

Der Verfasser handelt hier von mexicanischen Raupen, deren Seidenmaterie von den Eingebornen zur Bereitung eines Firnisses verwendet wird. Schon Réaumur machte hierauf aufmerksam, möchte man desshalb endlich selbst Versuche anstellen, möglich, dass dieselben praktische Resultate mit sich führen.

Ferner fanden wir in den *Londoner Philosophical Transactions* vom Jahre 1759 von Samuel Pullein einen pensylvanischen Seidenwurm beschrieben, dessen Gespinnst nach Versuchen in Quantität und Qualität über denjenigen unserer gewöhnlichen Raupe stehen soll. —

Nehmen wir den abgebrochenen Faden wieder auf. Unter jenen Verhältnissen zog man die vergilbten Schriften von Incarville wieder zu Rathe — wir haben die beiden Momente schon früher erwähnt, die besonders begünstigend auf die Einführung der neuen Objecte einwirkten — und auf Grund derselben beorderte die franz. Acclimatisations-Gesellschaft einige Missionäre ihres Landes, weitere Kenntnisse über die chin. Spinner zu sammeln und ertheilte zugleich Instructionen für die zu machenden Sendungen; frühere Versuche wurden wiederum aufgenommen . . . . . allein erst im Jahre 1856 erfolgte auch die Einführung unserer Seidenraupe. Wir verdanken dieselbe nicht einem französischen, sondern einem piemontesischen Missionär, Annibale Fantoni von Biella. Derselbe sandte 1856 von *Hang-Tung* einige lebende Cocons an zwei seiner Freunde, Comba und Griseri, in Turin.

Am 4. November desselben Jahres langten sie an und ergaben gegen Mitte Mai 1857 einige Schmetterlinge, allein erst Mitte des folgenden Monates erhielten die genannten Herren befruchtete Eier und junge Räupchen, indem die anfangs ausschlüpfenden Männchen vor der Erscheinung der erst später auskriechenden Weibchen zu Grunde gingen.

Glücklicherweise waren die beiden Jtaliener mit den Schriften von Incarville bekannt — und da Fantoni ihnen geschrieben hatte, dass die Raupe sich von den Blättern eines gewissen *Chuen-zu* genannten Baumes nähren und dass dieser Baum der Acazie ähnliche, aber längere Blätter trage : und da die Bruchstücke von Blättern, die noch einige der Cocons umhüllten, mit denjenigen des Götterbaumes — einer der, chinesischen *Fagara* nahe verwandten Pflanze — die grösste Aehnlichkeit besassen, so entschieden sich Comba und Griseri bald für diese Pflanze als Futterpflanze der neuen Seidenraupen, und sie hatten auch die Freude, dieselben hiebei im besten Gedeihen und sich auch bald im Besitze einer ansehnlichen Zahl von frischen Cocons zu sehen.

Die Brücke war also geschlagen und der neue Seidenspinner konnte als für Europa gewonnen betrachtet werden.

War es wohl ein zufälliges Zusammentreffen, dass um dieselbe Zeit die Webekunst durch Bonelli's geniale Erfindung des electrischen Webestuhles, sowie Hipp's practische Ausführung und nicht minder geniale Verbesserung des Metallmusters einen so grossen Fortschritt machte . . . . ?

Glücklicherweise nahm sich 1858 Herr Guérin-Méneville des neuen Culturgegenstandes an. Im Frühjahr 1859 von Napoléon dem Dritten in dieser Angelegenheit persönlich empfangen, erwirkte er, dass der Kaiser selbst, als erster Protector der Landwirthschaft, auf seiner in der Sologne gelegenen Domäne à la Motte-Beuvron mittelst einer Pflanzung von 5000 Ailantusbäumen seiner Nation ein Beispiel zur Cultur des neuen Seidenstoffes gab.

„Die dankbaren Nachkommen", ruft Guérin-Méneville aus, „werden einst sagen, Heinrich IV. hat uns die Seide für den Reichen gegeben, Napoléon III. aber verdanken wir die Seide des Armen."

Neuere Berichte haben nun ergeben, dass die Fagaraseidenraupe in ihrem Vaterlande, dem Norden von China, wirklich auf dem drüsigen Ailantus oder Götterbaume lebt — Incarville hatte denselben irrthümlicherweise für eine Esche genommen — doch wird sie auch auf der *Fagara* oder dem jap. Pfefferbaume (*Fagara piperita Linn.*) gezogen, einem von Guérin-Méneville 1859 eingeführten Baume. Die Raupe wird, wie Incarville auch schon berichtet, im Freien und in einem Klima gezüchtet, das demjenigen des nördlichen Frankreichs gleichkommen mag; sie liefert jährlich zwei Ernten. Die Puppen überwintern und die Falter schlüpfen im Frühjahr aus. Ihre Seide (*Tsiao-Kien*) soll von ganzen Völkerschaften als Kleidungsstoff verwendet werden.

Kaum können wir hier die Namen, geschweige denn die Versuche der Personen selbst anführen, die sich um die ersten Zuchten des neuen Objectes verdient gemacht haben; wenn wir uns aber recht erinnern, so waren es die Herren Année in Passy und Chavannes in Lausanne, welche die ersten Zuchten im Freien einleiteten. Genug, sowohl im Norden als im Süden von Frankreich im Kleinen wie im Grossen unternommene Versuche haben Guérin-Méneville zu folgenden ermuthigenden Schlüssen geführt:

1. Die Fagaraseidenraupe ist acclimatisirt, und kann in Frankreich wie in China im Freien selbst und beinahe ohne Handarbeit gezüchtet werden.

2. Die auf diese Weise erzielten Cocons sind grösser und reicher an Seidenmaterie, als diejenigen, welche von Zuchten herrühren, die in verschlossenen oder selbst bei Tag und Nacht offenen Räumen gemacht werden.

3. Die Sorgen, welche diese Zuchten erfordern, wird Jedermann übernehmen können; sie sind besonders dann wenig kostspielig, wenn man sich einer regelrechten Cultur des Götterbaumes und seiner Raupe hingiebt.

4. Was die spinnbare Materie anbetrifft, welche man auf diese Weise sehr wohlfeil erhalten wird, so scheint sie dazu bestimmt zu sein, für Frankreich das zu werden, was sie zu allen Zeiten in China war, nämlich: die Seide des Armen; denn sie wird vermittelst der Cultur eines Baumes erzeugt werden können, der auf dem schlechtesten Boden gedeiht, auf einem Boden, der weder Brod, noch Wein, noch Fleisch hervorbringen und also für den allgemeinen Unterhalt von keinem Nutzen sein würde.

Mit welchen Hoffnungen man sich übrigens in Frankreich hierüber schon trägt, mögen die folgenden Worte eines geistreichen Journalisten beweisen:

.... „Es geht hieraus hervor, dass die neuen Seidengewebe, welche die Mitte zwischen der gewöhnlichen Seide und den Geweben des Proletariers halten, selbst wenn sie anfangs mehr kosten sollten, schlechterdings billiger als die Baumwollenstoffe würden; dann würde diese Seide nicht nur die Wolle, den Hanf, den Flachs, sondern (und dies ist das hauptsächlichste Resultat) zum Theil auch die Baumwolle verdrängen, bevor sie sich selbst im Preise würde fallen sehen. Um die Tragweite einer solchen Revolution wohl zu verstehen, mag es gut sein, sich zu erinnern, dass England allein, ohne Deutschland, Frankreich, die Schweiz, die Niederlande u. s. w. von den Vereinigten Staaten jährlich für mehr als 400 Millionen Franken Baumwolle kauft, um sie als Gewebe in den Handel zu bringen. Das wäre, im Vorübergehen gesagt, wohl ein erstaunenswerthes Resultat, wenn dieses neue in Europa eingeführte Thierchen die industrielle und commerzielle Herrschaft England's auf's Spiel setzen und die Ketten von drei Millionen Negern in den Vereinigten Staaten brechen würde."

Zweiter Abschnitt.

Von den Eiern, Raupen und Cocons
der
Fagara-Seidenraupe.

Das Ei.

Die Grösse eines Eies der Fagararaupe möchte am ehesten derjenigen eines Corianderkornes entsprechen. Es ist vollkommen ellipsoidförmig, von weisser Farbe, aber mit braunschwarzen Partikelchen, als den Ueberresten eines schwarzen Pigmentes, überzogen.

Ein Gramm enthält im Durchschnitte 500 Eier und hievon gehen 15,000 auf eine Unze von 30 Grammen. Sehr verschieden sind die Mengen der Graines, welche von den Weibchen gelegt werden, sie variren im Allgemeinen zwischen 2 — 400 (Guérin-Méneville erhielt ausnahmweise 429 Stück), indessen liefert ein Weibchen durchschnittlich 250 Eier. Nach einigen Tagen platten sich dieselben ab, verlieren an Gewicht und nehmen eine gräuliche Farbe an; es lassen sich endlich deutliche Pulsationen wahrnehmen und man sieht den reifen Embryo in seiner gewundenen Lage oft durch die dünne Eischale hindurchschimmern. Nach einer Reihe von Evolutionen und „nachdem ihre Kinnbacken hinreichend gekräftiget sind", zersägt die junge Raupe unter wahrnehmbarem Knistern ihren Kerker und verlässt denselben nach 8 — 12 Tagen nach dem Heraustreten des Eies aus der Sphäre des mütterlichen Leibes, um das Geschäft der Ernährung als selbständiges Individuum zu übernehmen.

Die Raupe.

Die jungen Raupen messen 4—4¹/₂ Millimeter. — Sie scheinen anfänglich schwarz zu sein, indem jeder ihrer Ringe 10 schwarze Punkte nebst 6 Warzen von derselben Farbe trägt; allein mit der Lupe betrachtet erscheint ihre Haut gelb. Characteristisch für dieses Alter ist ein grosser schwarzer Querfleck, der sich auf dem ersten Körperringe, unmittelbar hinter dem Kopfe, befindet. Letzterer erscheint ebenfalls schwarz.

Wie die meisten andern Arten, so streift auch diese Raupe ihre Haut viermal ab, bevor sie sich anschickt, ihr Cocon zu spinnen. Will sie die erhärtete Hülle ablegen, so bekleidet sie ihr Futterblatt mit einem seidenartigen Gewebe und hängt ihre häutigen Füsse daran fest, damit sie sich von ihrer alten Haut völlig losmachen kann, denn würde diese an den letzten Gliedern hängen bleiben, so würde sie verkrüppeln und zu Grunde gehen. Die Entwickelung einer neuen Oberhaut dauert ein bis zwei Tage. Während dieser Periode — wir nennen sie den Schlaf — scheint die Raupe zu kränkeln, sie nimmt keine Nahrung zu sich, sondern bleibt ganz unbeweglich auf dem Blatte liegen. Dann aber fängt sie an, sich zu dehnen und zu recken, wie Jemand, der aus dem Schlafe erwacht; die alte Haut ist ihr zu enge geworden, und wir sehen bald, wie sie ihr früheres Kopfschild ablöst, indem sie in sich zusammenkriecht. Mit gewaltsamer Anstrengung und Glied für Glied arbeitet sie sich aus dem harten Balge heraus und sucht denselben durch abwechselndes Sich-Blähen und Zusammenziehen nach hinten abzustreifen. Hat sie ihn bis auf die beiden letzten Glieder gebracht, so greift sie mit den Vorderfüssen vorwärts und zieht sich durch schlängelnde, rasche Bewegungen vollends heraus. An der alten Haut bleibt die Epidermis aller äusserlich sichtbaren Organe, selbst des Kiefers und der Fressspitzen hängen.

Ist auf diese Weise die Mauser — so nennen wir den Häutungsprocess — glücklich vollbracht, so bleibt das Thier, ermattet von seinen Anstrengungen, eine Weile liegen, ohne zu fressen, gewinnt aber nach kurzer Zeit seine alte Kraft wieder, es wächst dann zusehends und fällt mit erneuerter Gier über seine alte Nahrung her.

Diess im Allgemeinen der Process der Häutung.

Die Lebensdauer unserer Raupe zerfällt, wie diejenige von *Bombyx mori*, ebenfalls in fünf Alter.

Wir nennen die
Periode
zwischen der
Geburt und der ersten Häutung: erstes Alter.
ersten „ „ 2ten „ zweites „
2ten „ „ 3ten „ drittes „
3ten „ „ 4ten „ viertes „
4ten „ dem Einspinnen: letztes Alter.

Während dem zweiten Alter (wir haben das erste oben beschrieben) messen die Raupen 8—10 Millimeter in die Länge; ihre Haut erscheint noch gelb, auch sind die Puncte und Warzen der Ringe noch schwarz geblieben, allein der schwarze Querfleck auf dem ersten Ringe ist verschwunden.

Drittes Alter: Länge der Raupe 15—17 Millimeter. In dieser und der folgenden Periode wird ihr Körper allmählig mit einem silberweissen Staube überzogen. Dieser Staub wird an und in den W a r z e n abgesondert und besteht, wie mikroskopische Untersuchungen ergeben, aus sehr feinen Hauttheilchen, welche durch eine Mauserung der Haut fortan und in grosser Menge abgestossen werden. Seine Eigenschaften verhindern die Aufnahme von Thau und Regen.

Während dem vierten Alter macht die weissliche Haut einem mit schwarzen Flecken besprenkelten Hellgrün Platz. Die Warzen sind von einem glänzenden Hellblau und am Grunde von einem hübschen schwarzen Ringe eingefasst. Jeder der acht dicken Füsse ist mit einem gelben und einem blauen Streifen versehen. Die sechs Vorderfüsse sehen goldgelb aus.

Länge der Raupe: 20—24 Millimeter.

Nach dem folgenden Hautwechsel erscheint der Körper intensiver grün und die Enden der Warzen nehmen eine blaue Farbe an. Anfänglich misst die Raupe 32—35 Millimeter, allein sie entwickelt sich ausserordentlich schnell und erreicht je nach den Umständen eine Länge von 65—80 Millimeter. Auf dieser Stufe der Entwicklung angelangt, nimmt ihre Fresslust ab, um endlich ganz aufzuhören. Allmählig wird auch die Farbe ihrer Haut heller und geht in's Gelbliche über. Die Raupe bereitet sich zur Abstreifung der letzten Haut, zur Verpuppung vor. Sie befestigt sich zu diesem Ende mit zwei oder drei Blättern an einen Zweig und trifft überhaupt die Anstalten zu ihrem letzten Geschäft in der Weise, wie die frühern, mit grosser Sorgfalt und Bedächtigkeit. Nachdem sie sich dann von allen ihren Excrementen und einer mehr oder weniger durchscheinenden Flüssigkeit entleert hat — es scheint, als ob sie jetzt alles Unreine, was noch in ihr ist, entfernen müsste, um ihr kostbares Gewebe nicht zu beschmutzen — schickt sie sich an, ihr Cocon zu spinnen.

Wir werden später schon, wie sie bei der Fertigung desselben verfährt, hier dürfte es aber den Leser gewiss interessiren, zu vernehmen, in welchen Organen die Seidenfaser gebildet wird, und auf welche Weise sie an's Tageslicht tritt. Wir schieben desshalb an dieser Stelle ein kleines Capitel ein

Ueber die Bildung der Seidenfaser.*)

Fig. 1 gibt die Abbildung eines Präparates der Seidengefässe in natürlicher Grösse.

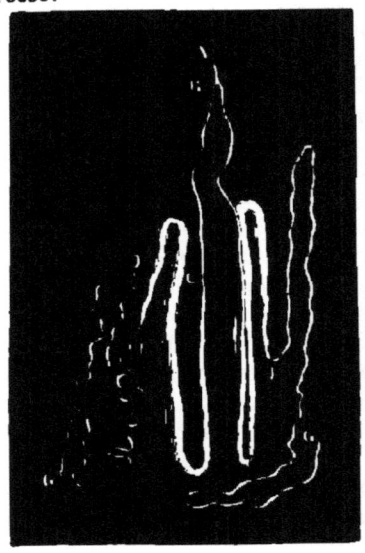

A. Mündung oder Seidenrüssel. B. Vereinigungspunkt der beiden Tuben. E C. E' C' Seidenbehälter. E G. E' G' secernirende Organe.

1. Die Seide entweicht durch eine einfache häutige Oeffnung, welche sich in einem kegelförmigen fleischigen Fortsatze der Unterlippe der Seidenraupe befindet.

*) Für dieses Capitel haben wir hauptsächlich die Arbeiten von Robinet benutzt. Der Holzschnitt wurde einem Werke von Daseigneur entnommen: *Physiologie du Cocon et du fil de soie.*

Dieses Organ wird Seidenrüssel genannt.

2. Die Seide gelangt zu dieser Oeffnung durch einen einfachen, ganz kurzen Canal, welcher aus der Vereinigung der beiden Seidenröhren entsteht.

3. Der vordere Theil der Seidenröhren ist haarröhrchenförmig und geht in den, sehr ausgeweiteten mittlern' über welcher den eigentlichen Seidenbehälter bildet. Der hintere Theil besteht in einem sehr lang gedehnten dünnen Cylinder, der das eigentliche secernirende Organ ist.

4. Die Seide befindet sich im Zustande einer consistenten, gallertartigen Flüssigkeit in den beiden hintern Theilen des Organes; sie gewinnt in der capillarischen Röhre an Festigkeit, und langt in concretem Zustande an dem äussern Canale an.

5. Die Raupe drückt ihren Faden mittelst den Contractionen eines Knies zusammen, welches die beiden haarröhrchenförmigen Tuben an ihrem Ausführungscanale bilden. So gelingt es ihr, die Excretion der Seide zu hemmen und sich an ihrem Faden aufzuhängen.

6. Die Seidenmaterie an sich erscheint stets als eine helle und farblose Masse. Sie verdankt ihre Färbung in gewissen Fällen der Anwesenheit einer besondern Substanz, welche sie in den Gefässen begleitet und mit ihr austritt.

Bekanntlich lässt sich die Farbe der Cocons verändern, indem, wie Bonafous zuerst zeigte, Krapp rothe, Indigo dagegen blaue Cocons erzeugen lässt.

7. Die conische Gestalt des Seidenfadens rührt von der stufenweisen Verengerung der capillarischen Röhren her, welche bei der Seide dieselbe Rolle spielen, wie das „Zieheisen" beim Drahte.

8. Alle übrigen Erscheinungen, welche die Ansicht veranlasst hatten, als ob die Seide sich in den Behältern im Zustande eines Stranges befinde, erklären sich leicht aus dem Umstande, dass sie in den erwähnten Capillarröhren vor deren Vereinigung fest wird.

9. Lyonnet behauptete keineswegs, wie man angeführt hat, das Vorhandensein eines Seidenknäuels; er hatte erkannt, dass die Seide in den Gefässen als Flüssigkeit existire und in den Capillarröhren fest werde. Seine Beobachtungen waren jedoch keineswegs vollständig genug.

Es bleibt noch zu erklären, unter welchem Einflusse die

Seidenmaterie in den Capillarröhren die Gestalt eines festen Fadens annimmt.

Filippi fand 1853 in dem Ausführungsgange, welcher aus der Vereinigung der beiden Seidenröhren entsteht (siehe Fig. 1 A. B.), die kleinen Ausführungscanäle zweier Drüschen, welche die Bestimmung haben, der peripherischen Partie des Seidenfadens eine neue Substanz zuzuführen.

Die Arbeiten von Emilio Cornalia über die Bildung der Seide habe ich mir leider nicht verschaffen können.

Gehen wir über zum

Einspinnen der Raupen.

Bei der Fertigung des Cocons verfährt die Fagararaupe nicht ganz auf dieselbe Weise, wie die gewöhnliche Seidenraupe, sie lässt sich vielmehr vorn eine trichterförmig zulaufende Oeffnung, um als Schmetterling mit geringern Mühen ausschlüpfen zu können. Wir pflegen einen solchen Cocon wohl auch *bewacht* zu nennen, und er kömmt bei den meisten Gattungsgenossen unseres Insectes vor. Um Ihnen eine Idee von der Arbeit unserer Raupe zu geben, weiss ich nichts Besseres, als die Beschreibung einer vortrefflichen Beobachtung von Herrn Guérin-Méneville, dessen Namen wir wohl noch oft nennen müssen Wort für Wort zu wiederholen:

„Elle travaille sous mes yeux et je lui vois replier ses fils pour faire l'ouverture du cocon. Sa langue ou filière est noire. Elle pose son fil en zig-zag, comme la chenille du ver à soie ordinaire, et en fait de petits paquets en tous sens, se retournant dans son cocon comme le *Bombix Mori* et comme tous les autres.

„En travaillant, la chenille prend, de temps en temps, un instant de repos; mais cet arrêt n'est que de quelques secondes. De temps en temps aussi, après avoir posé un assez grand nombre de zig-zags de fils, elle s'arrête et se gonfle comme pour pousser les parois du cocon et se faire la place nécessaire.

„Quand elle travaille du côté de l'ouverture, elle fait des mouvemens beaucoup plus longs et pose alors ses fils dans le sens longitudinal en avançant sa filière jusqu'à l'extrémité de l'ouverture, collant son fil aux fils précédens et revenant parallèment à ses premiers fils. Ensuite, elle pose en dedans d'autres fils dans tous les sens; mais chaque fois qu'elle revient à l'ouverture, elle travaille de nouveau dans le sens longitudinal.

„Pendant tout le travail ses antennes et ses palpes sont en mouvement, ainsi que ses mandibules. Celles ci semblent servir de polissoirs, car elles ne mordent ni ne coupent rien."

Wie aus diesen Beobachtungen hervorgeht, werden die Fäden, welche die Oeffnungen der betreffenden Cocons bilden, keineswegs durchschnitten, wie man früher glaubte, sondern die Raupe lässt sie einzig und allein in sich selbst zurücklaufen, und diese Erscheinung erklärt auch die vollkommen gelungenen, zwar mühsamen Abhaspelungsversuche der Fagara-Raupen-Cocons, so wie der Cocons verwandter Arten. Wir werden übrigens hierauf zurückkommen.

Der Cocon.

Die Cocons gleichen in ihrer Form am ehesten einer Mandelschale, ihre Fäden sind straff angespannt und die Farbe ist hanf- oder leinengrau; im Allgemeinen haben sie einen Breitendurchmesser von 14—15 und einen Längendurchmesser von 40—45 Millimeter. Was Grösse und Gewicht anbetrifft, so variren sie sehr, sowohl nach ihrem Trockenheitsgrade, als nach den Umständen, unter denen sie erhalten wurden. Allein aus zahlreichen, in verschiedenen Zeiträumen und mit Cocons von allen möglichen Grössen ausgeführten Wägungen geht die erfreuliche Thatsache hervor, dass sie im Allgemeinen schwerer sind, als die Cocons der gewöhnlichen Seidenraupe. Es wiegt nämlich ein frischer, d. h. ein seit 8—10 Tagen beendeter, seine lebende Chrysalide enthaltender Cocon im Mittel 2,5 Grammen, 420 solcher Cocons gehen also auf ein Kilogramm, während von den Cocons der Maulbeerseidenraupe im Allgemeinen 500 auf ein Kilo gehen.

Anderweitige Bestimmungen, welche Herr Guérin-Méneville mit Herrn Hardy, Director der Regierungs-Central-Baumschule in Hamma (Algier) gemacht hat, haben folgende Resultate ergeben:

Fagara-Raupe . . . 1 Kilo enthält 2,390 leere Cocons.
Maulbeerbaum-Raupe 1 „ „ 2,500 „ „

Wägungen einer andern Art, die zu Paris ausgeführt wurden, führten zu folgenden Ergebnissen:

25 Cocons der Fagara-Raupe . wiegen 6,500 Grammen.
25 „ „ Maulbeer-Raupe „ 6,450 „

Allein der Leser würde sich täuschen, wenn er glauben würde, dass ein Kilo leerer Puppenhülsen von *Bombyx cynthia* oder der Fagara-Raupe ein Kilo Seidenmaterie darstellen würde, denn sie enhalten, wie die Hülsen von *Bombyx mori* oder der Maulbeerseidenraupe, ebenfalls die Raupen- und Puppenhäute und ferner eine kleine Menge Gummi, der zum Zusammenleimen der Fäden dient.

Nach den Untersuchungen von Hardy enthalten z. B. die folgenden Racen von *Mori* an reiner Seide:

Race des Canaries	8,29 %
„ Milanais gros	8,12 „
„ Milanais petits	9,87 „
„ du Vivarais	8,00 „
„ de Provence	7,00 „
„ Dimerdech	7,70 „
„ de Syrie	8,15 „
„ de Syrie, améliorée par M. Morgues	9,80 „
„ de Sisteron (Basses-Alpes)	9,90 „
„ du Piémont	7,65 „
Im Mittel enthält also ein frischer Cocon der gewöhnlichen Seidenraupe	8,44 %

an reiner Seide.

Aus den Untersuchungen von Guérin-Méneville geht hervor, dass die Raupen- und Chrysalidenhüllen der Fagara-Raupe beinahe doppelt so schwer sind, als diejenigen der gewöhnlichen Raupe.

Die Bestimmungen wurden mit vollkommen lufttrockenen Cocon's ausgeführt.

	Grammes.			Milligr.
10 Cocons der Fagara-Raupe wiegen	3,35	1 Cocon		0,335
Ihre Häute	0,80	1 „		0,080
Reine Seide	2,55	1 „		0,255
10 gelbe Cocons der Maulbeer-Raupe wiegen	3,30	1 „		0,330
Ihre Häute	0,40	1 „		0,040
Reine Seide	2,90	1 „		0,290

Ueber die Stärke und Elasticität des Fagaraseidenfadens besitzen wir folgende Werthe von Person:

| | Stärke
bei 50 Centimeter:
8,3 Grammen. | Elasticität
bei einem Meter:
14,4 Gr. |

Dagegen fand Persoz bei Cocons der gewöhnlichen Seidenraupe:

	Stärke bei 50 Cent.	Elasticität bei einem Meter.
von China . . .	4,3 Gr.	7,3 Gr.
„ Teneriffa . .	5,2 „	12,8 „
„ Calcutta . .	5,3 „	9,9 „
„ Neuilly . .	8,0 „	12,9 „
„ Avignon . .	12,0 „	14,4 „
„ Preussen . .	12,9 „	13,4 „

Wir bemerken, dass diese Bestimmungen mit dem sog. Froment'schen Serimeter gemacht wurden, welches gleichzeitig die Messung beider Eigenschaften, sowohl der Stärke als der Elasticität gestattet.

Was die Einwirkung chemischer Reagentien auf die neue Seidenfaser anbetrifft, so haben wir gefunden, dass dieselbe mit der Einwirkung auf die gewöhnliche Seidenfaser vollkommen übereinstimmt. Wir werden unsere Versuche fortsetzen und seiner Zeit der Oeffentlichkeit übergeben. Chemische Analysen besitzen wir leider keine. Zwar hat uns Samuel Jenny die Analyse der Seide eines einheimischen Spinners, des sog. Schwarzdornspinners, überliefert, und da letzterer in die nämliche Gattung wie unsere Fagararaupe gehört, so wollen wir die Resultate Jenny's hier in Kürze mittheilen:

Derselbe fand, dass Kohlenstoff und Wasserstoff im Faserstoffe von *Saturnia spini* in gleichem Verhältnisse, wie in dem gewöhnlichen Faserstoffe enthalten sind, dagegen unterschied sich letzterer durch einen kleinern Gehalt an Stickstoff und ausserdem noch durch das Fehlen eines Schwefelgehaltes, der aber nach Jenny bei der Analyse des Fibroins von Mulder, dem wir bekanntlich eine Analyse der Maulbeerseide verdanken, möglicherweise übersehen wurde.

Als Endresultat der Untersuchungen Jenny's geht hervor, „dass der Saturniafaserstoff eine dem Fibroin höchst ähnliche Substanz ist, welche sich davon nur durch ihre bedeutend grössere Dicke (etwa das Achtfache) unterscheidet."

Der erwähnte Chemiker machte diese Analysen auf die

Veranlassung eines Oesterreichers, der s. Z. mit dem Gedanken umging, einheimische Saturnien im Grossen zu züchten.

Gehen wir indessen wiederum zu den Gespinnsten der Fagararaupe über.

Während nach Incarville die Cocons der letztern nur gesponnen und nach Payter die ähnlich gebildeten Puppenhülsen der indischen Raupe ebenfalls so verarbeitet werden, so scheint aus den Stoffen, die Fantoni nach Turin gesandt hat, hervorzugehen, dass aus dem Gespinnste jener Art wirklich Roh- oder Grèzeseide erhalten wird, und müssen wir uns auch wohl zu dieser Annahme entschliessen, so lange die Aechtheit der betreffenden Gewebe nicht in Abrede gestellt werden kann.

Abgesehen hievon liegt der Grund, warum man aus den Fagara-Cocons keine Rohseide erhalten kann, nicht etwa, wie man früher glaubte, in der Unterbrechung der Fäden, sondern einfach darin, dass die Raupe statt wie *Bombyx mori* eine vollkommen geschlossene, eine vorne offene Hülle spinnt. Während nun jene Cocons in den mit Wasser gefüllten Becken — wir dürfen wohl einige Kenntniss des Haspelns voraussetzen — obenauf schwimmen, füllen sich diese mit Wasser, sinken unter und der Zug macht die Fäden reissen. Wir müssen desshalb die Fasern der Fagara-Cocons wohl so lange mittelst eines wirklichen Spinnprocesses zu einem langen Faden vereinigen, oder wie Wolle oder Baumwolle verarbeiten, als wir selbst kein Verfahren kennen, bei dem jene Schwierigkeit nicht eintritt. Vielleicht steht aber die Zeit nicht mehr ferne, da es der Technik. gelingen wird, den Faden auf eine rationelle Weise und vollständig abzuwickeln, dann werden sie sich aber zu dem jetzigen Werthe etwa so verhalten, wie das Gold zu den übrigen Metallen.

Incarville berichtet folgenderweise über unsere Seide:

„Die Seide, welche die *wilden Raupen* liefern, ist von einem schönen Leinengrau, sie hält wenigstens doppelt so lang, als die gewöhnliche Seide, wird nicht so leicht fleckig; selbst Fetttropfen breiten sich nicht auf ihr aus und sind übrigens leicht auszulöschen. Die aus dieser Seide gefertigten Stoffe lassen sich waschen, wie unsere Leinwand. In einigen Gegenden sind sie so schön, dass sie im Preise mit den schönsten Seidenwaaren wetteifern."

„Wenn wir gesagt haben, dass das Gespinnst sich nicht abhaspeln und auch nicht färben lasse, so ist dieses eine Thatsache. Die europäische Industrie aber, geleitet und erleuchtet durch den Aufschwung des französischen Erfindungsgeistes*) würde vielleicht sowohl dahin kommen, die chin. Seide abzuhaspeln, als ihr Farben zu verleihen."

Gehen wir indessen zu den neuern Untersuchungen über.

Die Eigenschaften des neuen Webematerials sind von Industriellen ersten Ranges untersucht worden, wie unter andern von den Herren Henry Schlumberger und Charles de Jongh, Spinnereibesitzer zu Guebwiller, ferner von Herrn Dr. Sacc, Professor der techn. Chemie in Wesserling. Da man noch keine genügende Menge von Fagara-Cocons besass, um Versuche im Grossen zu erlauben, so haben jene Herren mit Cocons der Ricinusseidenraupe operirt, welche die franz. Acclimatisations-Gesellschaft zu ihrer Verfügung gestellt hatte, und sie haben gefunden, dass wenn ein Unterschied zwischen den beiden Producten besteht, derselbe lediglich zu Gunsten der Gespinnstmaterie der Fagararaupe ausfällt, weil man erkannt hat, dass man sie bleichen kann.

„Ein Umstand, der den Werth dieser sehr heruntersetzt", sagt Dr. Sacc, indem er von der Ricinusseide spricht, „ist ihre hellbraune Farbe, welche es verhindert, sie für alle hellen Nüancen anzuwenden. Dieser Umstand wird bei der *Cynthiane* vollkommen wegfallen, mit der ich mich glaube verpflichten zu können, weisse Seide herzustellen ... De Jongh fand, dass der Glanz der Ricinusseide (und auch der Fagara-Seide) denjenigen aller Galletseiden der gegenwärtig bekannten Racen weit übertrifft. Heinrich Schlumberger hat gefunden, dass man die Cocons sehr leicht karden und spinnen kann. Der Faden ist glatt, glänzend, stark und geschmeidig; er hat weder beim Kämmen noch beim Spinnen irgend einen Abfall gelassen. Es ist eine Materie ersten Ranges, die für alle Industrieen, die sich der Seidenabfälle bedienen, eine grosse Zukunft hat. Die Cocons sind leicht zu reinigen und ihre Seide wird ohne Zweifel alle Operationen des Färbens bestens ertragen können ... Diese Cultur in grossem Masstabe betrieben, wird uns in grosser Menge eine Galletseide liefern können, welche stärker und schöner als diejenige von *Bombyx mori* ist."

---

*) „Aidée et éclairée par les élans du génie français."

Duseigneur von Lyon, der Verfasser mehrerer ausgezeichneter Werke über die Seide, schrieb unterm 26. Januar 1860 an Herrn Guérin-Méneville, betreffend die Fagara-Seide:

„Die Faser ihrer Cocons ist doppelt, wie diejenige von *Bombyx mori*, allein von einem geringern Durchmesser, meistens von 2/100 Millimeter; sie ist auch platter, was ihr mehr Glanz verleiht."

Torne in Paris ertheilt dem Faden der Ricinusseidenraupe einen ähnlichen Glanz wie der gewöhnlichen Seide und seine Versuche haben ihm gezeigt, dass sein Verfahren weder die Stärke noch die Feinheit der Seide vermindert.

Ferner möge hier angeführt werden, dass der Engländer Petzi der sog. *Tussah*-Seide[*] einen vorzüglichen Glanz ertheilt, indem er sie nach verschiedenen Bädern am Ende 10 Minuten lang in eine mit vielem Wasser verdünnte Salpetersäure bringt, mit kaltem Wasser auswascht und zwischen Streckwalzen passiren lässt.

Kehren wir indessen wieder zu den eben behandelten Seidenarten zurück:

Dr. Sacc schrieb am 22. April 1860 von Wesserling an Herrn Guérin-Méneville:

„Ich schreibe gegenwärtig an unsere Florettspinner, um zu vernehmen, welches ihr durchschnittlicher Verbrauch und Preis der Galletseide sei, damit Sie eine Grundlage für Ihre Berechnungen haben. Uebrigens ist es meine volle Ueberzeugung, dass Alles, was wir in diesem Augenblicke besitzen, als Basis für dieselbe dienen kann, weil die Cynthiane, indem sie die Maulbeerseide (Galletseide), die Leinwand und selbst in gewissen Fällen die Baumwolle mit Vortheil ersetzen kann,

---

[*] Die *Tussah*-Seide wird von einer indischen Saturnie (*Saturnia Mylitta*) geliefert. Ihr Cocon erreicht zuweilen die Grösse eines Taubeneies, die guten weiblichen Cocons liefern mehr als 3 Grammen Rohseide, oder mit andern Worten 10mal mehr als die Cocons des gew. Seidenwurmes. Der Faden ist auch bedeutend stärker und dicker als dieser. In China wird die Seide *Ta-Kien* genannt und bildet einen bedeutenden Handelsgegenstand. Einführungsversuche fanden schon 1829 durch Lamare-Piquot statt; aber erst 1854 kamen, durch Perrottet, Director des bot. Gartens in Pondichéry, lebende Cocons nach Europa. Guérin-Méneville, sowie unser Landsmann Chavannes in Lausanne fütterten die Raupen mit Eichenlaub und fanden, dass sie hiebei Cocons spannen, die den in Indien einheimischen nur um Weniges nachstunden.

Niemand sagen kann, welches ihre Consumation sein wird, die aber, seien Sie sicher, unermesslich, unglaublich sein wird. Mit Ihrer Seide werden wir nicht allein Foulards und Damast, sondern auch Sammt und feine Tücher fertigen; vielleicht auch leichte und für den Druck sich eignende Gewebe, ähnlich der Wollmousseline und dem schottischen Caschmir. Herr Schlumberger verspinnt in diesem Augenblicke die letzte Sendung Ihrer Ricinusseide, er macht daraus gewöhnliche Gewebe aus denen ich hübsche und dauerhafte Taschentücher fertigen werde . . . . ."

Derselbe Chemiker machte später Versuche mit der Cynthiane, und fand, dass diese Seide durch die Wäsche nicht die mindeste Deformation erleidet, welcher Umstand sie bedeutend werthvoller als Leinen und Baumwolle macht.

Schliesslich wollen wir die Versuche mittheilen, die in Guebwiller mit einer Quantität von 26 Kilo Cocons der Ricinusseidenraupe angestellt wurden.

Dr. Sacc publicirte dieselben in den Bulletins der franz. Acclimatisations-Gesellschaft wie folgt:

„Die Cocons wurden vorerst entschält, indem man sie während zwei und einer halben Stunde mit 25 % ihres Gewichtes weisser Seife und so viel Wasser, um sie vollständig zu bedecken, kochen liess. Diese Operation wurde mit 10 % ihres Gewichtes krystallisirter Soda während einer Stunde wiederholt. Man erhielt 11^{1}/$_{16}$ Kilo an fast reiner Seide, die mit der Hand gekrempelt und alsdann der Sortirmaschine überliefert wurde. Die Sortirmaschine ist eine ganz neue Maschine und von Herrn de Jongh erfunden, sie erlaubt ihm, die gekrempelte Seide nach ihrer Länge zu trennen, so dass man mit den langen Fasern eine eben so schöne Seide gewinnen kann, als diejenige ist, welche unmittelbar vom Cocon abgehaspelt wird, wie diesen Zeilen beigeschlossene Nummer 300 es beweist. Dank dieser neuen und vortrefflichen, zur rechten Zeit erfundenen Maschine hat de Jongh sechs verschiedene Garne und drei Gattungen von Abfällen fabricirt, welche Herrn Schlumberger übergeben worden sind. Letzterer hat auch keinen Anstand genommen, seine berühmte Seiden-Kämmmaschine[*]) zu modificiren, um das neue

---

[*]) Heilmann gab die Fundamentalmechanismen an. Die Ausführung erfolgte in der Maschinenfabrik von Nicolas Schlumberger & Comp. in Guebwiller.

Product nutzbarer zu machen, er spann mit diesem 2,600 Grammen Garn Nro. 140 à 2 brins, mi perlé, wovon ich meiner Sendung ein Muster beifüge; da der Rest zum Weben eines Stoffes für Herrn Hardy*) dienen soll.

„In einem besondern Pakete finden sich verschiedene Färbemuster von D. Jongh; sie sind alle sehr hübsch mit Ausnahme derjenigen in hellen Farben, die durch den grauen, der Ricinusseide eigenen Ton gelitten haben."

Gehen wir jetzt zum Detail der Resultate über: 26 Kilo leerer Cocos der Ricinusseidenraupe haben 11 Kil. 100 Seide gegeben, die uns nach ihrer Reihe lieferten:

Kil.
0,015 de filé n° 300 (**)
0,335 — n° 120 A. à deux bouts.
0,495 — n° 120 B.
0,240 — n° 160, mi perlé à deux bouts.
2,600 — n° 140, id.
0,215 — n° 70, cordonnet à deux bouts.
———
3,900 en filé.
0,160 en bas déchet.
5,440 mauvais déchet des peigneuses.
1,025 en bon déchet de l'assortisseuse.
0,575 en perte.
———
11,100

„26 Kilo leere Cocons der Ricinusseidenraupe haben also 3 Kilo 900 an gesponnener Seide und 6 Kilo 625 an Abfällen ergeben.

Während das gewöhnliche Florettmaterial wie bekannt vor seiner Verarbeitung 25 % seines Gewichtes einbüssen muss, hat also die neue Gespinnstmaterie durch das sog. Entschälen oder Degummiren vor der unmittelbaren Vorbereitung zum Spinnen, keinen Gewichtsverlust mehr zu erleiden, ein weiterer Umstand der bei der Beurtheilung des neuen Webematerials keineswegs gering angeschlagen werden darf.

---

*) Wir verdanken diesem Gelehrten eine Reihe der ausgezeichnetsten Arbeiten im Gebiete der Acclimatisation.

**) Nro. 300 will sagen, dass ein Faden von 300,000 Meter Länge auf ein Kilo geht; u. s. w.

Dritter Abschnitt.

Ueber
die Zucht der Fagara-Seidenraupe.

Allgemeine Bemerkungen.

Die Fagararaupe bleibt während des Winters als Puppe in Unthätigkeit und erscheint erst im darauf folgenden Frühjahre als Falter oder ausgebildetes Insect. Je nachdem dieser früher oder später eintritt, können die Cocons unter dem Klima von Zürich ihre Schmetterlinge zwischen dem 15. und 30. Juni liefern. Möglich ist es aber, die Entwickelung des Insectes zu beschleunigen oder zu verzögern, je nachdem die Cocons unter mehr oder weniger hohen Wärmegraden aufbewahrt werden. So hat man gefunden, dass in einer Temperatur, welche constant zwischen 16° und 20° C. verbleibt, das Ausschlüpfen der Schmetterlinge in den ersten Tagen Mai's erfolgt und es ergeben die Eier dann ihre Räupchen ca. 12 Tage später. Sorgen wir aber dafür, dass wir von dem 5. auf den 10. Juni spätestens Falter bekommen, so werden wir bis Ende Juli eine erste Zucht vollenden können, indem Legen der Eier und Bildung der Cocons ca. 45 Tage auseinanderliegen.

Der Fagaraspinner kann jährlich zwei Ernten liefern. Bei einer Wärme von 20° bis 25° C. bleiben die Cocons der ersten Generation ungefähr 26 Tage lang in Unthätigkeit, eine gewisse Menge, etwa sechs vom Hundert, überwintern, während die Falter der übrigen Cocons gegen Ende August hin erscheinen. Eine zweite Zucht nimmt alsdann noch 45 Tage in Anspruch, und wird man folglich zwischen dem 30. September und 5. October von Neuem ernten können. Während die Graines des gewöhnlichen Seidenspinners 8—10 Monate lang sich aufbewahren lassen, behalten die Eier unserer Raupe wie diejenigen der meisten wilden Saturnien ihre Lebensfähigkeit kaum länger als 14 Tage. Man hat versucht, diese während längerer Zeit zu erhalten, indem man die Eier in Schnee oder Eis brachte, sie gingen aber sämmtlich zu Grunde. Nun werden Oele als Aufbewahrungsmittel vorgeschlagen.

Wir bemerken noch, dass sich in der Natur eine Menge von Faltern finden, die auf dieselbe Weise wie unser Spinner überwintern. Ja unser „grosse Pfau" (*Bombyx pavonia major*) lebt als Puppe oft länger als drei Jahre und man will sogar beobachtet haben, dass *Bombyx lanestris*, ebenfalls ein europäischer Falter, als Chrysalide länger als sieben Jahre leben kann.

Erste Zucht.

Wenn wir eine Anzahl Cocons der Herbstzucht bei einer Wärme von 15 bis 20° C. über den Winter aufbewahrt haben, so werden wir mit Mitte Juni eine erste Zucht einleiten können. Das Ausschlüpfen der Schmetterlinge findet unter jenen Wärmegraden zwischen dem 5. und 10. Juni statt. Es geht gewöhnlich des Morgens vor sich, und es brechen in der Regel die männlichen Falter zuerst durch. Vermöge eines ihnen erst als ausgebildeten Insecten angebornen Instinctes, das Geschlecht zu unterscheiden, hängen sie sich an einen weiblichen Cocon an, auf das auskriechende Weibchen geduldig harrend, um nach dessen Erscheinen den Zweck ihres Daseins, nämlich das Geschäft der Fortpflanzung zu erfüllen.

Man lasse die ausgekrochenen Thierchen bis Abends auf den verlassenen Puppenhülsen umherkriechen, nehme sie dann sachte ab und schliesse sie zum Zwecke der Begattung in einen Behälter von Drahttuch ein, den man mit einem Tuche leicht bedecken kann. Am folgenden Mittage jedoch nehme man alle vereinigten Paare heraus und lege sie, ohne sie zu trennen in mit Gaze bedeckte Schachteln. Man halte sich deren so viele als Legetage sind. Die Weibchen werden alsbald ihre Eier legen und es kann dasselbe, je nach den Wärmegraden, unter denen sie sich befinden, 3—4 Tage dauern.

Sobald dies geschehen ist, kann man die Eier abnehmen und es kann mit dem Ausbrüten begonnen werden. Zu dem Ende müssen sie nach den Legetagen getrennt und bei 20 bis 25° C. in einem Incubations- oder Brütekasten aufbewahrt werden. Wir überheben uns hier der Beschreibung eines solchen Apparates, indem fast in jedem Buche über Seidenzucht davon die Rede ist. Nur sorge man bei der Ausbrütung durch Verdampfung von Wasser für gehörige Feuchtigkeit. Es ist dies ein Punkt, der strenge beobachtet werden muss.

Unter diesen Umständen werden die Räupchen nach 10—12 Tagen auskriechen.

Um selbige zu sammeln, lege man einige zarte Ailantusblätter mit der Innenseite auf die verlassenen Eier. Die Würmchen werden alsbald auf die Blätter heraufkriechen. Wenn diese, so zu sagen, schwarz voll Raupen sitzen, fertige man sich einige Papierdüten, so dass deren Enden trichterförmig aussehen und stecke die Zweige mit den anhängenden Thierchen hinein, so dass die Blätter alle in die Düte zu liegen kommen. Die Stengel müssen hierauf in mit Wasser gefüllte Flaschen gesteckt werden. Sollte das Wetter schlecht sein oder andere Umstände es verhindern, die jungen Würmer sogleich auf die Bäume zu tragen, so darf man nicht versäumen, ihre Nahrung zu erneuern. Wie das geschehen kann, bleibe dem Züchter selbst überlassen, auch hier ist sich ein Jeder selbst der beste Lehrmeister. Nur hüte man sich, die Zuchtobjecte mit den Händen anzufassen.

Ausser Herrn Lehrer Wullschlegel in Oftringen (Ct. Aargau)*), beschäftigt sich dermalen Herr Jean Gross in Grüningen (Ct. Zürich) mit der Acclimatisation der Fagaraseidenraupe.

Ich erlaube mir, hier die Mittheilungen folgen zu lassen, welche der Letztere so freundlich war, mir vor einiger Zeit einzusenden.

„Ich erhielt", schreibt Gross, „den 14. Juli vorigen Jahres

---

*) Herr Wullschlegel beschäftigt sich hauptsächlich mit der Acclimatisation der Ricinusseidenraupe. Wir werden Gelegenheit finden, dessen zahlreiche Versuche in einer nächsten Schrift mitzutheilen.

von Guérin-Méneville in einer Federspule Eier vom Ailanthusspinner, die ich einer Wärme von 14 bis 17° Réaumur aussetzte. Die Eier sind ungefähr zwei Mal grösser als die des *Bombyx mori*; sie sind weisslich, mit schwärzlichen Punkten bedeckt. Nicht alle sind von gleicher Grösse; ihre Form ist eirund, an beiden Enden gleich dick. 8000 Eier wiegen ungefähr 1 Loth.

Geschäfte nöthigten mich, einige Tage zu verreisen. Meinen Leuten empfahl ich die grösste Aufmerksamkeit und veranstaltete vor meiner Abreise noch die gehörigen Vorsichtsmassregeln. Während meiner Abwesenheit krochen die Räupchen aus — den 17. Juli. —

Man holte nun für die junge Brut noch ganz zarte Blätter von einjährigen Sämlingen des *Ailanthus glandulosa*, sammelte darauf die Würmchen und brachte die Blätter in ein Glas Wasser. Um die Raupen vor Ertrinken zu schützen, wurde das Glas mit einem Carton bedeckt und durch diesen eine kleine Oeffnung practizirt, durch welche der Blattstiel gebracht wurde.

Als ich am folgenden Tage nach Hause kam, sah ich zu meinem grössten Entsetzen, dass die Räupchen unruhig hin- und herkrochen und die jungen Blättchen, die eben wegen ihrer Zartheit bald verwelkten, nicht berührten. Einige Raupen hatten schon das Weite gesucht und andere lagen todt auf dem Tische, auf dem sich das Glas befand.

Obgleich mir empfohlen wurde, die Räupchen erst nach acht Tagen in's Freie zu bringen, so sammelte ich die noch lebenden mit einem frischen Blatte, von einem ältern Baume herrührend, und befestigte dasselbe durch eine Nadel an einem Zweige eines grösseren Baumes. Am Abend des gleichen Tages hatte ich noch eine grosse Besorgniss betreffend meine Räupchen.

Ein heftiges Gewitter entlud sich über unsere Gegend, ein gewaltiger Sturm brach los; der Regen ergoss sich in Strömen. Ich glaubte, dass die zarten Räupchen eine solche Katastrophe nicht aushalten und also elendiglich sterben würden. Zu meiner grössten Freude aber fand ich am folgenden Morgen meine Räupchen frisch und gesund. Sie hatten sich unter den Blattflächen gesammelt, und da in Gesellschaft die frische Nahrung benutzt.

Sobald ein Blatt verzehrt war, krochen sie auf ein benachbartes; nur selten fiel eines auf Tüll, mit dem ich die Zweige umgab, um die Vögel abzuhalten. Ich sah die Raupen so zu sagen wachsen und gedeihen.

Bald zeigte sich aber noch ein anderer Feind. Bei meinen Beobachtungen sah ich, wie eine zahlreiche Menge Ameisen die Ailanthusbäumchen erkletterten; hatte aber anfänglich keine Ahnung von den räuberischen Absichten dieses Insectes, bis ich eines Tages wahrnahm, wie diese Thierchen die Raupen angriffen und denselben tödtliche Stiche beibrachten. Sogleich eilte ich nach Hause, nahm ein $1/2'$ hohes Blatt Papier, umwickelte damit genau den untern Theil der Stämme und bestrich dasselbe mit „Wagenschmiere." Die Versuche der Ameisen, die Bäume trotz dieses Schutzmittels zu ersteigen, brachten ihnen den Tod. Während des Sommers musste ich ungeachtet des beständigen Regenwetters das Anstreichen nur zwei Mal erneuern.

So wandte ich mit geringen Mitteln alle Gefahr von meinen Räupchen ab und sie gediehen vortrefflich." —

Wir brechen hier die Mittheilungen von Herrn Gross ab, um in der Folge auf einige Punkte derselben zurückzukehren.

Guérin-Méneville schlug anfänglich vor, die Raupen erst nach ihrer dritten Häutung auf die Bäume zu setzen, allein die Erfahrung hat gelehrt, dass dies in Gegenden, wo die Ameisen nicht zahlreich vorhanden sind, schon früher geschehen kann, ohne dem glücklichen Verlaufe der Zucht irgend welchen Eintrag zu thun. Und zwar kann man sie schon nach den zwei oder drei ersten Tagen nach ihrem Auskriechen in's Freie tragen.

Um dies zu bewerkstelligen, trage man die Raupen mit den Futterblättern selbst fort. Dies kann mittelst Körben geschehen, die innen mit Papier belegt sind. Die Blätter können auf beliebige Weise an den Bäumen befestigt werden, allein es ist Sorge zu tragen, dass der Wind sie nicht fortwehe, ehe sich die Thierchen auf den Zweigen zerstreut haben.

Hören wir was Bertrand über die Zucht des Eichenseidenwurmes, eines mit der Fagararaupe nahe verwandten Insectes, berichtet:

„Man setzt die Würmer auf die Eichenbäume, sobald sie ausgekrochen sind; zu diesem Zwecke nimmt man den Korb, sobald die Eier lebendig werden und trägt ihn an den Ort, wo die Eichen sind; man lässt die Enden der Zweige in den Korb hängen, so dass die Blätter die jungen Raupen berühren, alsdann wird man sehen, wie sie sich rühren und selbst auf diese Blätter hinüberkriechen."

„Man lässt sie nicht immer auf demselben Baume. Sobald man bemerkt, dass sich auf einem Baume sehr wenige Blätter mehr befinden, so lässt man die Raupen auf einen andern auswandern und ist das Mittel, zu dem man seine Zuflucht nimmt, sehr einfach: man neigt die Zweige eines benachbarten Baumes auf denjenigen, der bald abgefressen sein würde und die Raupen wandern alsdann von selbst aus; oder man schneidet mit einem Messer die Enden der Zweige ab, auf denen die Raupen sich befinden und trägt sie alsdann auf einen andern Baum."

Bei der Züchtung der Fagaraseidenraupe empfehlen die Chinesen, vorerst zu schätzen, welche Menge von Raupen sich von einer gegebenen Fläche Ailantushecken zu nähren vermag. Würde man deren zu wenige hinlegen, so wäre der Uebelstand wohl geringer, als wenn man eine Plantage mit zu vielen Raupen beladen würde. In letzterm Falle ginge derjenige Theil, der nicht genug Nahrung fände, auf eine elende Weise zu Grunde, wenn etwa nicht andere Plantagen vorhanden wären, die sie aufnehmen könnten, was immerhin viele Mühe und Zeit kosten würde, die man suchen muss zu vermeiden, selbst im Falle, dass man weniger erntete, als man der Quantität der Blätter nach ernten könnte.

Man weiss gegenwärtig noch nicht, welche Menge von Raupen sich von einer gegebenen Länge Ailantushecken zu nähren vermag, allein die Praxis wird den Züchtern gewiss bald eine Methode in die Hand geben, nach welcher dies bestimmt werden kann. Uebrigens wissen es Maulbeerseidenzüchter auf den ersten Blick zu schätzen, welche Quantität an Blättern jeder ihrer Bäume liefern kann. —

Wie die Ameisen abgehalten werden können, haben wir aus den Mittheilungen von Gross ersehen.

„Das beste Mittel", bemerkt übrigens Incarville, „um die Raupen in ihrer ersten Jugend gegen die Ameisen und die andern reissenden Insecten der Jahreszeit zu beschützen, besteht darin, den Baum, den man zu ihrem Aufenthalte gewählt hat, nach einem heftigen Gewitter mit einem kleinen Graben zu umgeben, den man mit Wasser füllt."

Nach demselben Missionär umgeben die Chinesen zur Fernhaltung der Vögel ihre Seidenbäume mit Gaze oder sonstigen Geweben. Wohl begreiflich, wenn die Bewohner des himmlischen Reiches solche Massregeln treffen, indem ihr Land an Vögeln und Insecten aller Arten viel reicher ist, als Europa.

Bei uns sind, wie die Erfahrung dargethan hat, jene Anstalten keineswegs vonnöthen. Wir vermögen die Vögel recht gut anderswie fernzuhalten, auf welche Weise aber, mag jedem Züchter füglich selbst überlassen bleiben.

Aber auch in China scheint man die Bäume nicht überall mit Gaze oder Netzgestricken zu umgeben.

Missionär Pernyi schreibt z. B. in seiner Monographie des Eichenseidenwurmes aus *Kouy-Tcheou*:

„Sei es dieser Sorge wegen, sei es um die Vögel wegzujagen, welche nach den Seidenwürmern trachten, so hat es eine Wache um die Pflanzung herum, indem sie einen Schrei ausstösst, eine Klapper bewegt, oder zuweilen eine Flinte losfeuert, entfernt sie die den Seidenraupen feindlichen Vögel."

Nach einem andern Reisenden werden die Vögel auch durch das alltägliche Anschlagen eines metallenen Beckens ferngehalten, mit dem man die Plantagen durchläuft.

In diesem Punkte scheinen sich die Chinesen sehr zu widersprechen, denn wie wir gelesen haben, werden in jenem Lande bei der Zucht der Maulbeer-Raupe, um Unruhe und Geschrei zu vermeiden, in gewissen Gegenden mit dem 10. April alle Rechtshändel abgebrochen und selbst solchen Personen, welche in Dienstangelegenheiten erscheinen, wird nach dieser Zeit der Aufenthalt in den Dörfern nicht gestattet, aus Besorgniss, es möchte dem Seidenbau Nachtheil hieraus erwachsen. (!) ....

Bei der Behandlung der Maulbeerseidenraupen ertheilen die Chinesen ferner folgende Vorschriften:

Die Frauen, die die Raupen zu besorgen haben, müssen rein sein und glückliche Zeichen haben; eine Wöchnerin soll nicht eher als 30 Tage nach der Geburt die Seidenrauperei betreten; ein Mann, welcher nach Wein riecht, darf den Raupen weder Nahrung reichen, noch sonst sie berühren, überhaupt müssen alle unreinlichen Leute aus der Nähe dieser Thiere verbannt werden.

Wir bemerken noch, indem wir uns beeilen, dieses Capitel zu beschliessen, dass eine Person mehr als 100,000 Raupen beaufsichtigen kann.

Ausser den Ameisen und Vögeln können in gewissen Fällen die Wespen und Hornisse den Raupen sehr zusetzen. Besonders lästig werden sie im Herbste, wo sie sich in manchen

trockenen Jahren in grosser Menge zeigen. Ihre Nester muss
man auf alle mögliche Weise zu zerstören suchen. Dieselben
befinden sich meistens in der Erde. Man kann desshalb mit
heissem Wasser leicht die ganze Gesellschaft tödten. Herr de
Lamote empfiehlt, die Oeffnungen der Nester mit Glocken, die
aus Kürbissen oder Melonen gefertigt sind, zu bedecken und die
gefangenen Wespen sich gegenseitig selbst tödten zu lassen.
Ausserdem kann man sehr viele in Flaschen, die man halbvoll
mit süssem Wasser gefüllt hat, fangen. Sie kriechen in die Hälse
hinein, fallen in's Wasser und ersaufen. Tödtet man übrigens
nach Dzierzon im Frühjahr ein Hornissenweibchen, so zerstört
man dadurch das ganze Nest, weil nur das Weibchen allein
überwintert und im Frühjahr allein sein Nest anfängt. —

Nach zurückgelegten vier Häutungen fangen die Raupen
zu spinnen an. Wie sie hiebei verfahren, haben wir oben
gesehen. Die Cocons werden in den Blättern selbst gesponnen.
Man hat auch gesehen, dass sie sich auf andern Bäumen ein-
puppen, wenn sich deren in ihrer Nähe befanden, und nach 8—10
Tagen kann der Züchter dann seine erste Ernte halten.

Zweite Zucht.

Ungefähr nach einem Monate liefern die Cocons der ersten
Generation von Neuem Schmetterlinge. Ist die Zucht z. B.
am 25. Juli beendigt, so wird das Ausschlüpfen der Schmetterlinge gegen den 20. August hin stattfinden. Der Saame wird
auf dieselbe Weise wie bei der ersten Zucht erhalten. Ueberhaupt gelten die Vorschriften, die wir für diese mitgetheilt
haben, auch für die zweite. Befolgt man dieselben genau, so
wird man ca. 40 Tage später die Raupen sich einspinnen sehen und mit Anfang October eine zweite Zucht beendigen
können. Die Cocons überwintern und die Falter schlüpfen erst
im folgenden Frühjahre aus. Leider weiss man gegenwärtig
noch nicht, welches die beste Art und Weise für die Aufbe-
wahrung dieser Cocons ist, und es bleiben zu dem Ende
noch eine Menge Versuche zu machen übrig. Wir empfehlen
für einstweilen die Cocons zu je 100 Stücken oder mehr an
einen Faden anzureihen*) und zusammen in einem Zimmer

---

*) Man hüte sich dabei, die Puppen selbst zu verletzen!

aufzuhängen. Unter keinen Umständen aber darf man sie in Körben oder Kisten aufschichten, in diesem Falle könnten sie sich erhitzen, in Gährung gerathen und so würden die Puppen crepiren.

Das Auskriechen der Schmetterlinge kann sowohl beschleunigt als verzögert werden. Bei einer constanten Temperatur von + 15 bis 20° C. erfolgt, wie schon früher erwähnt, das Ausschlüpfen mit Anfang Juni. Comba und Griseri in Turin haben es um einen Monat hinausgeschoben, indem sie die Chrysaliden während mehrerer Wochen einer Temperatur von — 15° C. aussetzten, welche Erfahrung wohl auch das sprechendste Beispiel für die robuste Natur des neuen Insectes abgibt. Die Raupe ist einmal an die schnellen Witterungswechsel ihres Vaterlandes gewöhnt, und würde sich kaum jemals im Zimmer erziehen lassen, ohne mit der Zeit auszuarten. Man hat allgemein gefunden, dass Cocons, welche im Zimmer erhalten wurden, weniger gross und weniger reich an Seidenmaterie waren, als solche, die von Zuchten herrührten, die in verschlossenen oder selbst bei Tag und Nacht offenen Räumen gemacht wurden.

Abbé Bertrand schreibt aus Su-tchuen über die Eichenseidenwürmer, welche bekanntlich ebenfalls zu den wilden Saturnien gehören:

„Diese Seidenraupen können nicht im Hause aufgezogen werden, wie die Maulbeerseidenraupen; man hat es versuchen wollen, sie starben aber alle: sie bedürfen der freien Luft des Himmels."

Und Capitain Hutton äussert sich folgenderweise über die Züchtung einer bengalischen Art, welche sich von den Blättern der wilden Maulbeere nährt:

„*Bombyx Huttoni* kann nicht in der Weise der gewöhnlichen Seidenraupen behandelt werden, sondern muss draussen auf den Bäumen bleiben. Die Raupen bleiben weder in den Spinnhütten, noch auch an Zweigen, die in's Wasser gestellt sind, sobald das Laub nicht mehr ganz frisch ist. Auf dem Baume ist die Raupe durchaus nicht unruhig, erspart überdiess die Mühe des Fütterns und hat beständig frisches Futter zur Auswahl, ein wesentlicher Punkt bei der Bildung guter Seide, deren Beschaffenheit stark beeinflusst wird durch gesunde Secretionen des spinnenden Thieres. — Cocons von *B. Huttoni*, im Hause an kleinen Zweigen gezogen, die man im Wasser frisch zu erhalten versuchte, gerathen allezeit schlechter als die auf

Bäumen gewonnenen. Die Raupe spinnt bei jedem Wetter, während die gemeine Art, *B. mori*, bisweilen durch eine vorüberziehende Wolke am Weiterpinnen gehemmt wird."

B. Huttoni bewohnt die Mussoore-Höhenzüge und kommt häufig vor vom Doon aufwärts bis zu 7000 Fuss.

Wie wir schon wiederholt zu erwähnen Gelegenheit hatten, sind die heftigsten Gewitter nicht im Stande, den Verlauf einer Zucht unserer Raupe irgendwie zu beeinträchtigen. Einige werden wohl immer auf den Boden geworfen werden, allein ihre Anzahl ist gering, und nach dem Gewitter kann man sie wieder aufheben und auf die Bäume setzen. Uebrigens werden sie auch nicht nass, indem das silberweisse Secret ihres Körpers sowohl die Aufnahme von Regen als von Thau verhindert. Auch gegen die Kälte sind sie wenig empfindlich. So war ich selbst Zeuge, wie sie bei — 3° C. im anscheinend behaglichsten Zustande von der Welt auf den Zweigen umherkrochen.

Statt des Ausschlüpfens von Schmetterlingen fand, wie Guérin-Méneville berichtet, im vorigen Jahre ein solches von ächten Schlupfwespen statt, welche als Larven auf Kosten ihres Wirthes gelebt hatten. Zwar wurden nur einige Raupen angestochen. Aehnliche Erscheinungen kommen auch bei andern Seideninsecten vor. So machte uns derselbe Forscher im Jahre 1845 mit einem Schmarotzerinsecte bekannt, das auf Kosten einer nordamerikanischen Raupe, *Bombyx cecropia*[*]) lebt. Auch

---

[*]) Bombyx (Saturnia) cecropia *Fabricius* bewohnt das weite Ländergebiet von New-Orleans bis nach New-York. Sie lebt auf der Trauerweide, der Ulme und verschiedenen Fruchtbäumen. Ihr Cocon sieht demjenigen unseres „grossen Pfaues" sehr ähnlich und wird vermittelst Flockseide seiner ganzen Länge nach an einen Baumzweig befestigt. Der Seidenfaden ist 3mal dicker als der Faden von *B. mori* und soll auch von doppelter Stärke sein. Einige Cocons liefern bis zu einem Gramm Seide. Im Februar 1840 erhielt *Audouin*, nachmals Professor der Insectenkunde am Museum von New-Orleans, einige lebende Cocons der in Rede stehenden Art. Er fütterte die Raupen mit den Blättern von verschiedenen Pflaumenarten, bei welchen sie sehr gut gediehen und reichliche Cocons spannen. Leider übergab er die nachfolgende Generation einem Seidenzüchter, der die neuen Raupen nicht zu behandeln verstund, so dass weitere Acclimatisationsversuche vereitelt wurden. Das Insect findet sich besonders in den Wäldern von Louisiana, ihre Cocons werden von den Eingeborenen in Masse nach New-

Bombyx mori wird in China von einer „grossen Fliege" angestochen und stirbt, nachdem sie sich ein kümmerliches Gewebe gesponnen hat. Merkwürdiger sind die Erscheinungen, die an madagascarensischen Seideninsecten beobachtet worden sind. Die meisten Individuen derselben erreichen den vollkommenen Zustand nicht. Ein Schmetterling (sage ein Schmetterling) aus der Familie der *Pyraliden* greift sie an. Wahrscheinlich wird das Ei ebenfalls in die Haut der Raupe selbst gepflanzt, wenigstens sah C o q u e r e l, der uns eine lebensvolle Beschreibung über jene Seidenproducenten gibt, die erwähnten Schmarotzerinsecten immer aus den Cocons der letztern ausschlüpfen. Bowring in Hongkong theilte vor einigen Jahren einen ähnlichen Fall mit. Es sind die beiden einzigen, die wir kennen.

Nach den eben gemachten Mittheilungen möchte es Manchem ordentlich bange werden, eine Zucht im Grossen einzuleiten. Allein die Erfahrung hat anderswie gesprochen. Die Besorgniss vor den Insecten und Vögeln muss namentlich vor den von den Herren H é b e r t und L a m o t e - B a r a c é im Jahre 1859 im Grossen ausgeführten Zuchten völlig verschwinden. Von 4500 Raupen verlor der letztere Gutsbesitzer ca. ¹/₅, ein Ergebniss, das im Hinblick auf *Bombyx mori* wirklich ein höchst erfreuliches genannt werden darf. Spätere Zuchten, die mit 150,000 Raupen ausgeführt wurden, haben nicht weniger ermuthigende Resultate ergeben. Wenn bei solchen Zuchten auch eine gewisse Menge von Würmern ihren Tod finden, so ist dies nichtssagend gegenüber der Masse und es ist wenig daran gelegen. Wie bei allen unseren Culturen, so finden auch hier dieselben Verhältnisse statt. Myriaden von Insecten und Vögeln leben von dem Getreide, den Kartoffeln, den Reben, welche wir für uns gepflanzt haben, nichtsdestoweniger begnügen wir uns seit Jahrhunderten mit dem Ertrage, den sie uns abwerfen.

„Gewiss", sagt Guérin-Méneville, „würde das mit Versuchen jedoch nicht der Fall sein, welche einige Hunderte von

---

Orleans gebracht und sollen hier abgehaspelt werden. Sie liefern eine im Handel sehr geschätzte Seide und wohlfeile und dauerhafte Stoffe. Spätere Einführungs-Versuche dieser Art in Europa sind mir nicht bekannt geworden.

Raupen betreffen und die in Gehölzen und Gärten, besonders aber in der Nähe einer Stadt oder in deren Innern ausgeführt würden. In diesem Falle könnte der, durch die Angriffe der Vögel und Insecten herbeigeführte Verlust so ansehnlich werden, dass man hieraus auf die Unmöglichkeit der neuen Cultur schliessen würde. Uebrigens würde man zu dem nämlichen Schlusse gelangen, wenn man ähnliche Experimente über das Getreide und die Reben ausführen würde und es erinnert mich dies an den Schaden eines gelehrten Agronomen, der, indem er in dem Garten von Luxemburg vergleichende Anbauversuche mit verschiedenen Weizenarten im Kleinen ausführen wollte, um deren Ertrag im Grossen kennen zu lernen, niemals zu einem Resultate gelangen konnte, weil die Vögel Saamen und Aehren frassen, lange bevor letztere reif waren. Wenn er daraus geschlossen hätte, dass zahllose Schwärme von Vögeln in einem Augenblicke alles Getreide auffressen, so würde er eine falsche Folgerung gezogen haben. Diese Folgerung würde ebenfalls falsch sein, wenn man sie auf die Aylanthusseidenraupe anwenden wollte."

Möge das folgende Capitel anhangsweise hier eine Stelle finden.

Ueber Kreuzungen

zwischen der Ricinus- und der Fagaraseidenraupe.

Guérin-Méneville erzielte 1858 eine Befruchtung zwischen einem Männchen der Fagararaupe und einem Weibchen der Ricinusraupe und umgekehrt, und erhielt Raupen und Schmetterlinge, welche, weit entfernt dem Einflusse des männlichen Geschlechtes allein unterlegen zu haben, in beiden Fällen in Aussehen und Lebensweise so zu sagen alle Charactere der erstern Art darboten.

Ist diese Erscheinung schon an und für sich interessant, weil sie das Gesetz des typischen Einflusses der lebenskräftigern Art auf die Erzeugnisse der Befruchtung zu bestätigen scheint, so darf die Thatsache der Fruchtbarkeit jener Erzeugnisse als Producte zweier verschiedener Arten gewiss auf ein noch grösseres Interesse Anspruch machen. Wir verdanken die Feststellung dieser Thatsache ebenfalls den unermüdlichen Forschungen von Herrn Guérin-Méneville. Dieser Gelehrte liess vor noch nicht langer Zeit Individuen der hybriden Art sich mit einander begatten und erhielt Raupen, welche bald mehr zu der einen, bald mehr zu der andern Art hinneigten, bald aber auch die Mitte zwischen beiden Arten hielten. Ja er ging noch weiter; er liess weibliche Individuen der Bastarde, welche nach drei oder vier Generationen beinahe alle Charactere der Fagaraseidenraupe darboten, mit männlichen Individuen der reinen *Bombyx cynthia* sich befruchten, er führte auch eine inverse Kreuzung aus, und er gedenkt hiemit die genannten Abkömmlinge wiederum in die reinen Arten zurückzuführen.*)

Aehnliche Experimente werden gegenwärtig im Museum der Reptilien in Paris und bei Herrn Année in Passy gemacht. Wir bemerken, dass die Individuen der hybriden Art, wie die Fagararaupe, jährlich nur zwei Generationen ergeben und auch als Puppen überwintern. Sie lassen sich sowohl ausschliesslich mit den Blättern des Götterbaumes als mit denjenigen der Weberkarde (*Dipsacus fullonum Linné*), einem Futtersurrogate der Ricinuspflanze, ernähren und erweisen sich überhaupt kräftiger als die Arten, von denen sie abstammen.

---

*) Ganz analoge Versuche kennt man aus dem Pflanzenreiche. So hat man im bot. Garten zu Breslau mit Weidenarten folgende künstliche Bastardbefruchtungen mit Erfolg ausgeführt:

a) Befruchtung einer Species mit dem Pollen einer andern Species.
b) Befruchtung eines Bastardes mit dem Pollen desselben Bastardes.
c) Befruchtung einer Art mit dem Pollen eines Bastardes derselben Art.
d) Befruchtung eines Bastardes mit dem Pollen einer der beiden Stammarten.
e) Befruchtung eines Bastardes mit dem Pollen einer von den beiden Stammarten verschiedenen Species.
f) Befruchtung eines Bastardes mit dem Pollen eines anderen Bastardes.

Bei a wurde kein Zurückkehren zu dem Eltern-Typus beobachtet, und die Saamen aus der letzten Kreuzung (f) waren alle keimfähig. In diesem Falle wurde also ein aus 4 gänzlich verschiedenen Species zusammengesetzter Bastard erzielt. Vergleiche übrigens Regensb. bot. Zeitg. „Flora" 1854. Nr. 1.

Es wäre sehr zu wünschen, dass diese Versuche fortgesetzt würden, indem sie möglicherweise practische Vortheile mit sich führen können.

Fintelmann, königl. Hofgärtner auf der Pfaueninsel bei Potsdam, führte im Jahre 1859 gelungene Paarungen mit Ricinusseidenschmetterlingen verschiedenaltriger Generationen aus. Eine consequente Fortsetzung vergleichender Versuche muss zeigen, ob die Praxis jeden vorräthigen, wohlbeschaffenen Cocon, gleichviel von welcher Nachkommenschaft entspringend, in einem gegebenen Momente benutzen darf.

Indem wir hiemit unsere wissenschaftlichen und practischen Mittheilungen über das neue Seideninsect beschliessen wollen, bleiben uns noch dessen Futterpflanzen zu besprechen übrig. Wir reihen demnach hier zunächst die botanischen Mittheilungen unseres Freundes Herrn Dr. Brügger an, um alsdann den Anbau des Götterbaumes nach Guérin-Méneville folgen zu lassen, womit auch der folgende Abschnitt beendet wird.

Vierter Abschnitt.

Ueber
die Futterpflanzen der Fagara-Seidenraupe.
Mittheilungen von Dr. C. G. Brügger v. Churwalden.

Wovon lebt die Fagara-Raupe in China?

Schon ein 1115 Jahre vor dem Beginne unserer Zeitrechnung verfasstes chinesisches Buch über den Seidenbau macht die Bemerkung, dass während alle andern Baumgattungen einen besondern Boden und Himmel verlangen, der Maulbeerbaum allein in allen Provinzen des Reiches erzogen werden und gedeihen könne. Wirklich bestätigen nicht nur einheimische Schriftsteller, sondern auch ältere wie neuere Berichte europäischer Reisender in China (zuerst die des edlen Venetianers Marco Polo Ende des XIII. Jahrh.) insgesammt die allgemeine Verbreitung und grosse Wichtigkeit des Seidenbau's sowohl in den westlichen und nördlichen, gebirgigen und kältesten Theilen, als in den mittleren und südlichen Provinzen dieses unermesslichen Reiches. Ja nach den Reichs-Annalen ging die Cultur der Seidenzucht und -weberei, von der Kaiserin Siling-schi schon um's J. 2600 v. Chr. G. erfunden, zuerst vom Norden China's (der antiken Nordprovinz Yen-tscheou, dem heutigen Petscheli) aus und verbreitete sich erst später von da gegen den Süden und Westen. Bei der so grossen Ausdehnung und mannigfaltigen Terrainbildung dieses Landes, welches so zu sagen alle Klimate der gemässigten Zone in sich schliesst, führen daher schon diese Winke zur Vermuthung: es möchte das Wort „Maulbeerbaum" *(sang)* im Chinesischen ein Sammelname sein, und wohl, wie etwa unser Gras, Obst, Getreide, mehrere ganz verschiedene botanische Arten von sehr abweichendem klimatischem Verhalten zusammenfassen. Diese Vermuthung wird zur Gewissheit, sobald man in der Literatur über diesen Gegenstand sich etwas näher umschaut. Es ergibt sich, dass die Chinesen im Allgemeinen jede Strauch- oder Baumart zu den „Maulbeerbäumen" zählen, deren Blätter ihren verschiedenen Seidenraupenarten ein zuträgliches grünes Futter liefern. Somit wären auch die Futterpflanzen unserer Fagararaupe aus China unter dieser Rubrik zu suchen.

Von den paar Hundert Werken über die Landwirthschaft und die stets bei ihnen dahin gerechnete Seidenzucht, welche die ausserordentlich reiche Literatur der Chinesen aufzuweisen hat, sind uns bisher zwar nur einige wenige durch Uebersetzungen und Auszüge französischer Missionäre und Gelehrter bekannt geworden. Allein diese geben uns schon sehr wichtige und interessante Aufklärungen über den fraglichen Gegenstand, wenn es auch ausserordentlich schwer hält, nach den fragmentarischen Andeutungen und naiven Beschreibungen dieser Autoren die botanischen Arten aus einer im Ganzen noch so wenig erforschten, reichen exotischen Flora zu erkennen. Vor Allem lernen wir daraus mit den chinesischen Seidenzüchtern unter den Maulbeerbäumen, entsprechend den davon gefütterten Raupen, zwei Hauptklassen unterscheiden: nämlich **ächte oder zahme Maulbeerbäume** mit den Haus-Seidenwürmern, und **wilde Maulbeerbäume** mit den Feld-Seidenwürmern. Mit den letztern haben wir es hier allein zu thun, indem näher zu untersuchen bleibt, auf welchen Pflanzenarten unser neues Seideninsect in seiner ostasiatischen Heimat im Freien lebt.

In den von Stanislaus Julien übersetzten chinesischen Schriften finden wir, neben den zahlreichen Modificationen des weissen und schwarzen Morus, mehrere Bäume erwähnt, welche uns hier angehen: nämlich den *yen-* oder *schan-sang*, d. h. „wilder oder Berg-Maulbeerbaum", — dann besonders häufig den dornigen *tsche*-Baum, welcher sehr zahlreich in der westlichen Provinz Ssü-tschüan, auch im Lande Tscheu (Ho-nan) und im Districte von Yong-kia wachsen und hier jene besondere, *tsche-tsan* genannte, Art Seidenwürmer nähren soll, die ihre Cocons Anfangs Mai spinnen. — ferner (aus einer japanischen Encyclopädie) den *tseu-sang* oder „Kern-Maulbeerbaum, dessen Frucht(?) früher als die Blätter erscheine", — endlich einen Brustbeerbaum (jujubier), wovon die *tscheu-iu*-Raupe, und die Pflanze *siao*, wovon die *hiang*-Seidenraupe sich füttern (aus dem chin. Wörterbuche Eul-ya). Sehr erwünschte, nähere Aufschlüsse über diese „wilden Maulbeerbäume" giebt uns ein vom Missionär P. d'Entrecolles ins Französische übersetzter und von P. Du Halde*) mitgetheilter interessanter Auszug aus einem alten chinesischen, die Zucht des Seidenwurmes lehrenden Werke, woraus wir die einschlägige Stelle hier deutsch wieder geben wollen.

Zuerst bringt der chinesische Autor eine Anleitung zur rationellen Zucht der Seidenraupe und betont dabei den grossen Einfluss der Nahrung auf die Gesundheit und das Product dieses Insectes. Sodann unterscheidet er zwei Sorten von Maulbeerbäumen: einerseits ächte, welche *sang* oder *ti-sang* heissen, und anderseits wilde (mûriers sauvages), welche man *tsche* oder *ye-sang* nenne. Jene tragen keineswegs grosse Maulbeeren, wie in Europa, da man es bei ihrer Cultur nur auf einen möglichst reichlichen Blätterertrag abgesehen hat. „Letztere (die wilde Sorte), fährt er fort, „sind kleine Bäume, welche weder die Blätter noch die Frucht des (ächten) Morus besitzen; ihre Blätter sind klein, rauh anzufühlen, von rundlicher Form, am Rande mit Einkerbungen oder Einbuchtungen (des portions de cercle rentrant) versehen, vorne in eine Spitze auslaufend. Die Frucht des *tsche*, wovon je eine am Grunde eines jeden Blattes sich ausbildet, gleicht dem Pfeffer. Seine dichtstehenden dornigen Zweige und Aeste bilden von selbst regelmässige Büsche und Hecken, welche die Abhänge lieben, wo sie eine Art von Wäldchen bilden. — Es giebt eine Art von Seidenwürmern**), welche man alsbald, nachdem sie im Hause

---

*) Description géograph. histor. et phys. de la Chine par le P. J. B. Du Halde 1736. T. II, p. 250.

**) Du Halde l. c. p. 249, unterscheidet zwei Arten wilder Seidenraupen, welche in der Provinz Schantung massenhaft auf den Bäumen im freien Felde leben, ohne Unterschied die Blätter von Maulbeer- und andern Bäumen fressen und ihre Seide, statt in runden oder ovalen Cocons, in langen Fäden spinnen, welche an allen

ausgekrochen sind, auf diese Bäumchen hinausträgt, wo sie sich selbst füttern und ihre Cocons spinnen. Diese Feld-Seidenraupen sind robuster, dicker und länger als die im Hause gezüchteten, und ihr Product, obwohl demjenigen der letzteren nicht gleichkommend, besitzt doch seinen besondern Nutzen und Werth, wie aus dem (oben) über den daraus gefertigten Stoff *kien-tscheu* Gesagten zu entnehmen. Die von diesen Raupen erzeugte Seide ist so zähe und elastisch, dass sie zu Saiten für musikalische Instrumente verwendet werden kann."

„Man glaube übrigens ja nicht, dass diese *tsche-* oder wilden Maulbeerbäume gar keine Pflege verlangen. Um die zwischen den Bäumchen emporwachsenden Unkräuter, welche allerlei schädlichen Insecten, und vor Allem den, jenen fetten Raupen (gros vers) auflauernden Schlangen zum Schlupfwinkel dienen, vertilgen zu können, muss man in jenen Wäldchen eine Anzahl von Fusswegen in Form von Alleen anbringen. Diese Fusspfade sind auch desshalb nöthig, damit die Wächter unaufhörlich die Anlage durchstreifen können, indem sie sich am Tage einer Ruthe oder Flinte bedienen, um die den Raupen nachstellenden Vögel zu verscheuchen, oder während der Nacht an ein grosses Kupferbecken schlagen, um die Nachtvögel fernzuhalten. Diese Vorsichtsmassregeln darf man keinen Tag versäumen, bis zur Erndtezeit der Cocons."

„Um die *tsche*-Bäume auch zur Ernährung von Zucht-Seidenwürmern tauglicher zu machen, ist es gut, sie fast auf gleiche Weise zu cultiviren, wie die ächten Maulbeerbäume. Besonders vortheilhaft ist es, Hirse in das Erdreich zu säen, wo man die Bäumchen etwas entfernt von einander angepflanzt hat. Die Hirse mildert (corrige) die Rauhigkeit der kleinen *tsche*-Blätter, welche dadurch um so dichter und reichlicher wachsen. Die Raupen, welche sich davon nähren, spinnen ihre Cocons am ersten, und ihre Seide ist die stärkste."*)

Gesträuchen und Hecken hängen und vom Winde hin- und hergeführt werden. Aus dieser Seide sollen jene eigenthümlichen, kien-tschou genannten Zeuge gewoben werden. Die eine Art, welche grösser und dunkler als die gewöhnliche zahme Seidenraupe sei, heisse *tsouen-kien*, die andere, welche viel kleiner, heisse *tiao-kien*. Die Puppenhülse (der gute Pater spricht hier doch von Cocons, ohne, wie es scheint, daran zu denken, dass er damit sich selber widerspricht) der erstern seien röthlich-grau, die der letztern dunkler. —

*) Der französische Uebersetzer fügt diesen Angaben des chi-

Es kann wohl keinem Zweifel unterliegen, dass vorstehender Auszug von unserer Fagararaupe und ihrer im Freien, auf einer der Futterpflanzen, ausgeführten Zucht spricht. Schon eine oberflächliche Vergleichung dieser Schilderung mit den Berichten des oft genannten Missionärs d'Incarville und mit dem in den frühern Abschnitten dieser Schrift Mitgetheilten muss davon Jedermann überzeugen. Nicht so leicht ist es zu sagen, was dieser für die Feldseidenzucht so wichtige sog. *tsche*-Baum oder Strauch für eine botanische Art sei. Bevor wir an die Beantwortung dieser Frage gehen, haben wir noch nachzutragen, dass seine Früchte — wie sich aus den von Stan. Julien übersetzten chines. Schriften ergibt — zu gleicher Zeit mit denen des (ächten) Maulbeerbaumes reifen, und dass erst darnach (in China) die Lese der schwarzen Früchte des Morus von Lou" beginnen soll. Dann ist vor Allem noch nachzusehen, was P. d'Incarville, dem wir die ausführlichsten Nachrichten über die wilden Seidenraupen China's verdanken,*) über diesen Punkt Näheres angibt.

D'Incarville spricht von dreierlei Gewächsen, welche im nördl. China jene wilden Seidenraupen nähren: nämlich von einer Eichenart, ferner von einem, *Icheou-tchun* genannten Baume, welchen er für eine Esche, und dem chinesischen Pfefferbaum, welchen er für eine *Fagara* hält. Er bemerkt ausdrücklich, dass die Raupen der letztern zwei Bäume einer und derselben Art angehören und auf ganz gleiche Weise gezüchtet werden, während die Eichen-Seidenraupe davon ganz verschieden sei und eine etwas abweichende Zucht erheische.

---

nesischen Schriftstellers noch die Bemerkung bei, dass man auch Eichenblätter als Surrogat des *tsche* brauchen könne, um eine zur Verfertigung von *kien-tcheou*-Zeugen taugliche Seide zu erzielen; wobei er sich auf die Erfahrung des sel. Kaisers Kang-hi beruft, welcher einstmals, während eines Sommer- und Herbst-Aufenthaltes zu Geho (Hauptstadt der Scharra-Mongolen, 30 M. n. n. o. von Peking) in der Tartarei, seine Seidenraupen auf Eichen füttern liess, deren Laub jedoch (so meint er) ohne Zweifel noch jung und zart gewesen sein müsse. Leider lässt er uns aber darüber ganz im Unklaren, ob dieses nicht etwa eine andere Art wilder Seidenraupen gewesen sei. Kang-hi regierte von 1662—1722 unserer Zeit.

*) Seine um 1740 geschriebene Abhandlung „sur les vers à soie sauvages" wurde zuerst abgedruckt in dem grossen Sammelwerke „Mémoires concernant les Chinois par les Miss. de Pékin." 1777. T. II, p. 575—601.

Hiebei ist nicht zu übersehen, dass der französische Missionär im Geiste eines Zeitalters, dem die Naturgeschichte des Plinius noch als Orakel galt, in den neuen chinesischen Seidenraupen die mährchenhaften Seideninsecten (die antiken Bombyces) der kleinasiatischen Insel Kos (ungefähr unter gleicher Breite mit der chines. Halbinsel Schan-tung) wieder gefunden zu haben glaubt, welche den griechischen Bewohnern jener Insel den Stoff zu ihren im Alterthume so berühmten Seidengewändern geliefert haben sollen, von denen der römische Polyhistor [*]) berichtet, dass sie dort aus den Blüthen der Cypresse, des Terpentinbaumes, der Esche und Eiche entstehen und sich aus deren wolligen Blättern gegen den Winter hin ihre Hüllen weben. Diese ziemlich wunderbar lautende Stelle des Plinius gab dem P. d'Incarville, wie er selbst sagt, die erste Veranlassung zu den Nachforschungen über diesen Gegenstand. Es ist sich daher gar nicht zu verwundern, dass derselbe beim ersten Anblick eines Seidenraupen nährenden Baumes in China, der in Blatt-, Blüthen- und Fruchtbildung, überhaupt im äussern Ansehen mit der Manna-Esche des südlichen Europa allerdings eine ziemliche Aehnlichkeit hat und, nach dem gerade damals von Linné neu aufgestellten Sexualsystem, mit derselben sogar in eine und dieselbe Klasse gehörte, zunächst an die Esche des Plinius dachte. Dessenungeachtet entging dem eifrig forschenden Manne keineswegs die bei genauerer Untersuchung sich herausstellende, grosse Verschiedenheit zwischen seinen chinesischen und den europäischen Eschenarten. Die genauesten Angaben, welche seine der obgenannten Abhandlung angehängte „Notiz über die chinesischen Eschen" enthält, lassen uns über diesen Punkt keinen Augenblick im Unklaren, und setzen uns sogar in Stand, die botanischen Gattungen und Arten mit aller Sicherheit zu bestimmen, zu welchen dieselben heute zu zählen sind. „Man unterscheidet in China", so schreibt d'Incarville, „zwei Arten von Eschen, nämlich die *tscheu-tschun* oder übelriechende Esche, und die *hiang-tschun* oder wohlriechende Esche. Die erstere (*tscheu-tschun*), auf welcher allein die wilden Seidenraupen gezüchtet werden, schien uns immer die nämliche wie die unsrige zu sein, da wir uns mit ihrem äusseren Ansehen begnügten und uns wenig um eine nähere

---

[*]) C. Plinii histor. natur. lib. XI. cap. 27. ed. J. Harduin. Paris 1741. T. I. p. 604.

Untersuchung derselben bekümmerten. Allein wir befürchten jetzt, wir möchten uns früher getäuscht haben. Wir haben seither die Blüthen dieses Baumes genauer untersucht und sie scheinen uns verschieden von denjenigen der Esche, welche unsere Botaniker beschreiben. Die Blumenblätter sind 5 an der Zahl und weniger lang, die Staubgefässe viel zahlreicher und kleiner, auch der Staubweg (pistil) und der Blüthenstand scheinen verschieden." . . . . . „Die wohlriechende Esche (im Chinesischen *hiang-tschun* genannt)" — so fährt er fort*) — „ist von ersterer und von der unsrigen zugleich sehr verschieden durch die Blüthe, die Frucht (graine) und ganz besonders durch den Geruch. So unangenehm die Blätter des *tscheu-tschun-*, ebenso aromatisch und angenehm riechen diejenigen des *hiang-tschun-*Baumes. Beim ersten Blick schien auch er unserer Esche ganz ähnlich. Er wächst an den gleichen Stellen und wird ungefähr gleich hoch, besitzt denselben Stamm und Zweige, und dessgleichen paarweise angeordnete (rangées par paires sur un côté) Blätter. Aber näher beschaut, findet man die Blätter der wohlriechenden Art von einem heiterern Grün, mehr zugespitzt-verlängert (effilées) und nicht in ein einzelnes Blättchen endigend" (also paarig-gefiedert, nicht unpaarig wie bei jener). „Noch wichtigere Unterschiede zeigen aber ihre Blüthen und Früchte, diese sind absolut verschieden." Er analysirt und beschreibt sodann dieselben mit einer Genauigkeit und Ausführlichkeit, welche den botanischen Kenntnissen und dem Forschergeiste eines Missionärs aus der ersten Hälfte des vorigen Jahrhunderts alle Ehre machen. Wir müssen es als nicht eigentlich zur vorliegenden Frage gehörend uns jedoch versagen, seiner Untersuchung, die dem Botaniker von

---

*) Den Botanikern, welche sich über das, was Plinius von diesem Baume sagt, lustig machten, giebt d'Incarville zu bedenken, „dass, was in Betreff der einen Art richtig ist, es nicht immer auch in Bezug auf die andere (derselben Gattung) sein muss, und dass sogar die verschiedenen Individuen einer und derselben Art unter sich selbst sehr abweichen (variren—würde man jetzt sagen) können von einem Land zum andern. Das Klima, der Boden, die Exposition, der Jahrgang und die Jahreszeit haben die Naturforscher schon längst belehrt, dass einzelne Thatsachen nichts gegen einander beweisen." — In der That, trotz aller Befangenheit, ein bemerkenswerther Ausspruch aus dem Munde eines Laien in unserer Wissenschaft, aus einer Zeit, wo die Systematik noch in den Windeln lag und noch lange keine Pflanzengeographie geschaffen war! —

Fach heute ein besonderes Interesse bietet, hier weiter zu folgen. Wir begnügen uns nur noch zu bemerken, dass nach der Angabe unseres Gewährsmannes, den Chinesen die jungen Sprossen und Knospen des *hiang-tschun* in Essig eingemacht (wie unsere Gurken) als Würze ihrer Reisspeisen dienen, und dass seine Blätter, Blüthen und Wurzelrinde auch in der chinesischen Arzneikunst eine Anwendung finden.

Der Versuch, diese „wohlriechende Esche" (*hiang-tschun*) der Chinesen nach den eben citirten Angaben botanisch zu bestimmen, führte uns zu dem bestimmten Resultate: dieselbe sei eine dermalen den Botanikern noch unbekannte, ausser von d'Incarville noch von keinem Europäer näher beschriebene und daher noch ungetaufte Baumart aus der weitverbreiteten, namentlich in den tropischen und subtropischen Ländern Asiens und America's, weniger zahlreich in Africa und Neuholland vertretenen Familie der *Zanthoxyleen*, deren meist durch starke Aromata und durch den Gehalt eines eigenthümlichen Bitterstoffes ausgezeichnete Gewächse, wie bereits im Vorwort angedeutet, für unsere Frage von besonderer Wichtigkeit sind. Die Gattung, in welche diese neue Baumart*) einzureihen ist,

---

*) Wir nennen dieselbe vorläufig *Dictyoloma chinense* und empfehlen sie der besondern Aufmerksamkeit künftiger Erforscher der chinesischen Flora. Die auf die Samen bezügliche Stelle der d'Incarville'schen Beschreibung, welche uns vor Allem bewog, den merkwürdigen Baum in diese Gattung zu stellen, lautet: „ces (2—3) graines, formées en aile de mouche et quasi aussi minces vers la pointe, renferment dans leur base une semence" etc. Klingt das nicht wie eine abkürzende Umschreibung des wichtigsten Gattungscharakters von *Dictyoloma:* „semina (3 in quoque carpello) reniformia, compressa .. integumentum dorso in alas duas parallelas eleganter radiatim reticulatus fibra marginale connexas expansum" .. wie ihn De Candolle (Prodr. II, 89), Endlicher (Gen. 5967, p. 1145), Meisner (Gen. p. 64), Walpers (Annal. I, 174), beschreiben? Aber auch die übrigen wichtigern Gattungsmerkmale sind von d'Incarville (l. c. 118) klar und präcis bezeichnet worden, so dass gegen diese merkwürdige Uebereinstimmung in genere einige kleinere Differenzen nur von untergeordneter Bedeutung erscheinen und höchstens zur Begründung einer besondern Art dienen können. So das trompetenförmige Pistill, die anhängsellosen (weisslichen) Blumenblätter, der „weintraubenähnliche" Fruchtstand, die heiter-grünen, aromatischen, paarig-gefiederten, eschenähnlichen Blätter und der höhere Wuchs, — wodurch unsere Art aus dem nördl. China von ihren Gattungsgenossen (*D. incanescens* DC. und *D. Vandellianum* Don. aus Brasilien, *D. Peruvianum Planch.*)

kann zufolge der besonders genauen und umständlichen Beschreibung, welche d'Incarville von ihren Früchten gibt, keine andere sein als die durch ihre geflügelten Samen vor allen andern ausgezeichnete Gattung *Dictyoloma* von De Candolle, welche uns bisher nur in einigen wenigen Arten aus Brasilien und Peru bekannt war.

Haben wir auf diese Weise nun einmal festen Grund und Boden in der Flora des „himmlischen Reiches der Mitte" gewonnen, so können wir, diese Bestimmung als Operationsbasis benutzend, von da aus weiter vordringen und es versuchen, weitere Breschen in die „chinesische Mauer" der oben citirten chinesischen Pflanzennamen zu brechen. Hoffentlich werden uns die jüngsten europäischen Expeditionen nach China auch über unsern Gegenstand, wie über so vieles Andere was in Betreff der „Blume der Mitte" uns noch dunkel ist, neue Aufklärungen bringen.

Was nun zunächst die andere Eschenart, den Baum *tscheutschun* der Chinesen anbelangt, so haben wir jetzt mit derselben schon gewonnenes Spiel. Ist nämlich unsere vorige Bestimmung richtig, wie sie es sein muss, dann brauchen wir hier

---

aus dem tropischen Amercia allerdings, wie zu erwarten, bedeutend abweicht. Auch abgesehen von dem oben berührten Gattungscharakter, unterscheidet sich die „frêne odorant" von d'Incarville immer noch hinlänglich von allen aus China und Japan bisher näher bekannt gewordenen Arten der nächst verwandten Gattung *Zanthoxylum*, welche hier allein allenfalls noch in Frage kommen könnte, so man es vorzöge, die angeführten Worte von d'Incarville nicht so wörtlich zu nehmen, wie wir es bei ihm an andern Stellen zu thun gelernt haben (s. das Folgende über seine „frêne puant" und die „Fagara") Seine Pflanze ist unbewehrt, während letztere (nämlich Zanthoxyl. *lentiscifolium* und *cuspidatum* Champ. von Hong-Kong, *Z. nitidum* DC=Fagara piperita Lour. non Linn. aus dem südl. China, *Z. piperitum* DC=Fagara pip. L. aus Japan, und *Z. Avicennae* DC. aus dem nördl. China) sämmtlich zu den dornigen Arten gehören, diese besitzen überdiess auch anders gestaltete, meistentheils unpaarig-gefiederte Blätter. Von den zwei erstgenannten und zwei weitern Zanthoxylum-Arten aus Ostindien (*Z. Rhetsa DC.* und *Z. Budrunga DC.*) unterscheidet sich unser Dictyoloma endlich durch die Fünfzahl der Blüthentheile und der (2—3 samigen) Carpellen, das Pistill und den eigenthümlichen Blüthenstand, welcher in jener Gattung nur bei einer neuen Art aus Venezuela, dem von Planchon und Linden (Annal. scienc. natur. III, 19 p. 81) beschriebenen *Z. camphoratum* (mit einfachen, ungefiederten Blättern) sich zu finden scheint. (B.)

einfach nur dem Geruche nachzugehen, um auf den Götterbaum zu kommen, der sich jetzt im südl. Europa fast überall in Gärten und Anlagen findet, und der, obwohl aus dem chinesischen Reiche stammend, doch — wie schon oft bemerkt wurde — einen nichts weniger als „himmlischen" Duft entwickelt. Keine andere Baumart aus der Verwandtschaft der Zanthoxyleen besitzt zugleich jene so sehr an unsere Eschen erinnernden Flügelfrüchte (samarae) und unpaarig-gefiederten Blätter, auf keine Baumart überhaupt passt die d'Incarville'sche Beschreibung in allen Theilen so vortrefflich, wie auf *Ailantus glandulosa Desf.*

Dieses Resultat steht so fest, dass es selbst durch die (oben S. 5 berichtete) von Comba und Griseri in Turin vorgenommene wissenschaftliche Untersuchung der im J. 1856 vom Missionär Fantoni aus China übersandten Blätterfragmente vom seidenraupennährenden Baume *Chuen-zu* keinen höhern Grad von Gewissheit erlangen konnte, da die Chancen des Irrthums bei der botanischen Bestimmung einiger dürrer die Cocons umhüllenden Blattpartikeln, welche zufällig mit denselben die Reise von China nach Europa gemacht, mindestens nicht geringer sein konnten als bei der Deutung der d'Incarville'schen Beschreibungen. Aber der Genauigkeit der letzteren und der übrigen Angaben dieses aufgeklärten Missionärs ist nach mehr als einem Jahrhundert durch jene Bestimmung zweier italienischen Gelehrten ein glänzendes Zeugniss ausgestellt worden, und ist es auch sonst immerhin und in allweg sehr erfreulich, dass die Untersuchungen über die Nahrungspflanzen des Fagara-Spinners auf zwei ganz verschiedenen Wegen zu demselben ganz bestimmten Resultate in Bezug auf den Götterbaum geführt haben.

Indem wir uns von demselben zu der dritten von d'Incarville erwähnten Pflanze wenden, müssen wir vor Allem sehr bedauern, dass dieser über seinen Pfefferbaum oder *Fagara* uns so wenig berichtet. Wir erfahren von ihm nur, dass dieser Baum auf den Bergen um Peking auf's Beste gedeihe und dass seine Seidenraupen von denen des Götterbaumes durchaus nicht verschieden seien. Weiter aber gar Nichts, weder Beschreibungen noch Andeutungen über sein Aussehen, ja fatalerweise nicht einmal seinen eigentlichen chinesischen Namen, so dass wir kaum zu entscheiden vermögen, ob er nicht mit einer der Eingangs genannten „wilden Maulbeerbäume" der Chinesen

zusammenfällt. Hier bleibt uns daher Nichts übrig als womöglich zwischen den Zeilen etwas mehr zu lesen versuchen.
Der Name Fagara ist, wie schon der blosse Klang vermuthen lässt, nichts weniger als chinesischen, sondern wahrscheinlich arabischen oder indischen Ursprungs. Man findet denselben zuerst in den medizinischen Schriften des berühmten Avicenna*) oder Ebn Sina (geb. 980 n. Chr. Geb. zu Afschana in der Bucharei, gest. 1036 als Vezior zu Hamadam in Persien), den frühere Jahrhunderte den „Fürsten der Aerzte" nannten. Sammt seinen Angaben ging der Name Fagara von ihm in die Kräuterbücher des 16. und 17. Jahrhunderts (Lobel, Tabernaemontanus, Clusius) über, welche die damals im Handel vorkommenden Fagara-Körner neben den Cubeben beschreiben und abbilden, ohne Näheres über die Pflanze und das Land angeben zu können, woher sie stammen. Aus diesen Quellen haben die Begründer der wissenschaftlichen Botanik im vorigen Jahrhundert, vor Allem Linné, geschöpft, in dessen Schriften der Name Fagara, zuerst zur Bezeichnung einer officinellen Art**) aus der jetzigen Gattung Zanthoxylum dienend, nicht vor dem Jahre 1753, als Gattungsname aber erst seit 1760 erscheint. Da nun, französischen Angaben zufolge, P. d'Incarville (gest. den 12. Juni 1757) seine Abhandlung um's Jahr 1740 geschrieben hat, so kann er, obwohl mit den Linnéischen Schriften und Entdeckungen (wie aus Obigem ersichtlich) sonst nicht unbekannt, seine Kunde vom *Fagara* nur jenen ältern Schriftstellern und Bilderwerken entlehnt haben. Er mochte also wohl glauben, in seinem „poivrier de Chine" endlich die wahre Mutterpflanze des seit alten Zeiten bekannten Fagara-Pfeffers aufgefunden zu haben, wie in seiner „frêne puant" die Esche des Plinius. Nur ein Bedenken mochte sich diessfalls noch geltend machen und konnte für ihn Grund sein, sich einstweilen über seine Fagara nicht näher auszusprechen. Es gibt nämlich, wie

---

*) Derselbe sagt, die *Fagara* sei ein der Kichererbse und dem Mahaleb ähnliches Korn, das einen schwarzen Kern einschliesse, ähnlich dem Schedenegi, und sie komme von Sofale (Ostküste von Africa?). —
**) Zanthoxylum Pterota Kunth. von den Antillen = Schinus *Fagara* Linn. spec. plant. ed. 1. (1753) p. 389 = *Fagara* Pterota L. amoen. 5. (1760) p. 393, und spec. pl. ed. 2. (1762) p. 172. In seinen gener. pl. findet man die Gattung *Fagara* in der 6ten Ausgabe (vom Jahr 1764) zum ersten Mal.

man jetzt weiss, in China, Japan und Ostindien mehrere Baumoder Straucharten (aus der Gattung Zanthoxylum), welche den Fagarapfeffer, d. h. dem Fagarakorn in Form und Eigenschaft ganz ähnliche Fruchtcapseln liefern und daher bei jenen Völkerschaften von uraltersher als Gewürze und Arzneimittel im Gebrauche sind. Dem P. d'Incarville konnte bei seinen vielen Reisen und der genauen Bekanntschaft mit jenen Ländern dieser Umstand nicht verborgen bleiben, um so weniger, da die japanische Art durch den verdienstvollen Kämpfer (Amoen. exot. 892. t. 893) schon seit dem Jahr 1712 unter dem Namen Piper japonicum (*sio* und *sansio* der Japanesen) in Bild und Schrift bekannt war (Linné nannte sie später Fagara piperita). Aber da ihm die Gelegenheit fehlte, jene verschiedenen Arten mit der seinigen im nördl. China zu vergleichen, wie er es mit den beiden besprochenen, dort zusammen wachsenden „Eschenarten" thun konnte, so mochte er es vorziehen, Zeichnungen*) und eingelegte Zweige seiner Pflanze nach Europa zu senden und mit seinem Urtheile einstweilen noch zurück zu halten, bis sich die Botaniker darüber ausgesprochen. Dank dieser Vorsicht sind wir heute im Stande, was ihm noch nicht möglich war, darüber in's Klare zu kommen und bestimmt zu sagen, was es mit seiner Fagara für eine Bewandtniss hat. Ausser der soeben genannten und am meisten bekannten Art aus Japan, welche Hr. Guérin-Méneville für die Pflanze des d'Incarville hält und desshalb in Frankreich zu acclimatisiren sucht, kommen hier noch vorzüglich zwei in den neuern botanischen Werken beschriebene Arten in Betracht: nämlich die *Fagara nitida Roxburgh* (Fagara *piperita Loureiro*, nicht Linné, Zanthoxylum nitid. DC.), weil sie in der Flora von Cochinchina aufgeführt, und die *Fagara Avicennae Lamarck* (Zanthoxyl. Avic. DC.), weil sie vom Autor selbst nur „in China (nach d'Incarville)" angegeben wird (Lam. Ecycl. meth. I. [1791] p. 333). Gegen die

---

*) Diese scheinen leider verloren gegangen. Denn obwohl die Herausgeber der Mémoires (mit Bezug auf die Fagars, p. 601) ausdrücklich bemerken: „nous en joindrons la peinture analysée à celle du frêne puant et du frêne odorant" — so sucht man, wenigstens in dem auf der Zürcher. Stadtbibliothek befindlichen, sonst ganz vollständigen Exemplare dieses bänderreichen Werkes, dessen Benutzung wir der Gefälligkeit des Oberbibliothekars Hr. Dr. Horner verdanken, doch umsonst nach den versprochenen Pflanzenabbildungen, welche für unsere Frage von der grössten Wichtigkeit wären.

erstere, die japanische Fagara piperita L., macht sich das Bedenken geltend, dass diese Art sonst noch von keinem Botaniker in China beobachtet wurde und dass der P. d'Incarville das ihm sicher hinlänglich bekannte Piper japonicum gewiss nicht in „poivrier de Chine" umgetauft hätte, wenn er beide Pflanzen für identisch hielt. Gegen die Annahme der zweiten Art*) spricht die allzugrosse Verschiedenheit in den geographischen und klimatischen Verhältnissen der nördlichsten (Petscheli) und südlichsten Provinzen des chinesischen Reiches und die daraus entspringende Unwahrscheinlichkeit, dass eine sonst in so mannigfaltigen Formen sich entfaltende Pflanzengattung, wie Zanthoxylum, an beiden mindestens um 15—20 Breitegrade auseinanderliegenden Punkten durch dieselbe Art vertreten sei. Dagegen ermuntert uns bei der dritten Art schon die Berufung auf unsern Gewährsmann zu weitern Nachforschungen. Diese führen uns denn auch alsobald zu einem entscheidenden Resultate, indem wir so glücklich sind, über *Fagara Avicennae Lam.* folgende Notiz aus der Feder des gelehrten Botanikers Poiret (Dictionn. d. scienc. nat. T. XVI. 1820. p. 107) zu finden: „Cet arbrisseau, dont on ne connoissoit d'abord que les fruits, assez semblables à ceux de l'espèce précédente (Fagara piperita L., poivrier du Japon), a pu être mieux déterminé d'après un rameau recueilli en Chine par le P. Incarville." Somit hätten wir denn in dieser Art die raupennährende Fagara des d'Incarville (derselbe spricht nur von einer Art) glücklich gefunden und kann nun künftighin das Vaterland von Zanthoxylum Avicennae DC. (das daher jetzt richtiger Zanthoxylum d'Incarvillei hiesse), statt mit dem vagen „China", richtiger und präciser bezeichnet werden mit „Provinz Petscheli nach d'Incarville".

---

*) Auf diese Art, das Zanthoxylum nitidum DC., mag sich die Bemerkung der Herausgeber der d'Incarville'schen Abhandlung, die aus seiner Fagara weniger zu machen wussten als wir, beziehen. dieser Baum gedeihe sehr gut in der Provinz Canton, wo er sehr gemein sei (Mém. Chin. II, p. 583) — während der Autor selbst immer nur vom Norden des Reiches spricht. Sie vermuthen, „es möchte diess der *hou-tsino* der Chinesen sein, welcher die schönsten wilden Seidenwürmer ernähre." Letzteren Namen finden wir sonst von keiner unserer Quellen erwähnt. Sollte es vielleicht nur eine andere Schreibart sein für *hoa-tchin-tsé*, welches im Fo-kien eines der das Chinagrün (vert de Chine) liefernden dornigen Blüthengewächse bezeichnet? —

Hiernach wäre nun auch zu berichtigen, was im Vorworte (p. XI) zu vorliegender Schrift, nach den Angaben des Herrn Guérin-Méneville, über den Fagarabaum gesagt wurde.

Indem wir nach versuchter Enträthselung der d'Incarville'schen Berichte zu der noch schwebenden Frage über den botanischen Charakter des *tsche* zurückkehren, können wir nunmehr auch der Ansicht des soeben genannten verdienstvollen Entomologen und Seidenzüchters, über die Identität des *Fagara-* und *tsche*-Baumes, durchaus nicht mehr beipflichten. Denn obwohl dieselben beide kleine dornige Holzgewächse sein sollen, „welche weder die Blätter noch die Frucht des zahmen Maulbeerbaumes besitzen", so zeigt doch schon ein Blick auf die Eingangs aus dem Chinesischen wiedergegebene Beschreibung einer *tsche*-Pflanzung, dass hier weder von der Fagara des d'Incarville, noch überhaupt von irgend einer Zanthoxylum-Art die Rede sein könne. Bei den Arten dieser Gattung stehen die Früchte niemals, — wie es beim tsche der Fall sein soll, — einzeln in den Blattachseln, sondern in gehäuften, ährigen, traubigen, ebensträussigen oder rispigen Blüthenständen, oft am Ende der Zweige. Auch besitzen alle ostasiatischen Zanthoxylum-Arten gefiederte oder 3zählige Blätter, und *Fagara Avicennae Lam.* insbesondere 9—13 lanzettliche, kahle und ganzrandige Blattfiedern, während die Blätter des *tsche* nach der Beschreibung einfach, rundlich, rauh (behaart?) und keineswegs ganzrandig erscheinen. So bestimmt also die Identität desselben mit der d'Incarville'schen oder einer andern Fagara-Art verneint werden muss, ebenso schwierig ist es in Ermangelung festerer Anhaltspunkte, als sie jene chinesische Beschreibung bietet, eine bestimmte positive Ansicht über diesen *tsche*-Strauch zu gewinnen. Zu einer solchen vermögen wir jetzt nur mehr zu gelangen, indem wir der auf die Frucht bezüglichen Stelle jener Beschreibung („le fruit du *tche* ressemble au poivre"), auf welche Herr Guérin-Méneville das Hauptgewicht zu legen scheint, eine andere, vielleicht weniger buchstäbliche, aber ebenso nahe liegende Deutung geben, und nach dem Vorgange Avicenna's (bei der Fagara) und selbst chinesischer Autoren (bei St. Julien) den Ausdruck der „Aehnlichkeit" oder des „Gleichens" nicht mit Hr. Guérin-Méneville auf den Geschmack, sondern auf die Form und Grösse der *tsche*-Frucht beziehen. Dieses vorausgesetzt und Alles wohl erwogen, kann unter den uns bisher näher bekannt gewordenen Pflanzenformen des chinesischen Reiches die Wahl der Familie, in welcher die fragliche Strauchart zunächst zu suchen sein wird, keine zweifelhafte mehr sein. Nur die Familie der Kreuzdornartigen, der *Rhamneen*, hat solche dornige, gerne heckenbildende Straucharten mit einfachen, gekerbten, rauhen Blättern von rundlicher Form und zugleich in den Blattachseln oft einzeln stehenden Beerenfrüchten von der Grösse und Gestalt eines Pfefferkorns aufzuweisen, wie sie dem *tsche* zugeschrieben werden. Letzteres gilt namentlich von den dornigen Arten der Gattung *Rhamnus*, worunter es zugleich mehrere gibt, welche sonnige Abhänge und gebirgige Orte lieben und sehr dichtstehende Zweige mit kleinen Blättern (wie unser Rh. saxatilis) besitzen, oder solche, deren Blätter je nach Boden und Lage bald kahl, bald behaart variren (wie unser Rh. catharticus). Diese Kreuzdornarten entfalten zugleich in einem Klima, wie das der westlichen, mittleren und südlichen Provinzen China's, früh genug ihre Blätter, um mit Anfang Mai den spinnenden Seidenraupen als Futter dienen zu können und sie reifen ihre Früchte auch ungefähr zu gleicher Zeit mit denen des weissen Morus, wie das bei den *tsche*-Bäumen der Fall sein soll.

Diese unsere auf äussere Merkmale gegründete Annahme findet aber auch von anderer Seite her mehrfach ihre Bestätigung. Gewiss spricht vor Allem der Umstand sehr zu unsern Gunsten, dass man bereits mehrere Gewächse aus dieser und der sehr nahe stehenden Familie der *Celastrineen* oder Spindelbaumartigen als Futterpflanzen unseres und anderer nahe verwandten Seidenspinner kennen gelernt hat. So weiss man, dass eine Art Brustbeerbaum (*Zizyphus jujuba* Lam., von Linné noch unter *Rhamnus* gestellt) in Ostindien der Saturnia mylitta und S. paphia, dass ferner diese oder eine ähnliche Baumart derselben Gattung (jujubier nach Stanislaus Julien, wie wir Eingangs berichtet) in China jener, wahrscheinlich mit unserer Bombyx cynthia identischen, *tscheu-iu*-Seidenraupe das Futter liefern, dass endlich der dem Kreuzdorn verwandte amerikanische „Theestrauch von New-Yersey" (*Ceanothus americanus* L.) und sogar die Blätter des europäischen Spindelbaums (*Evonymus europaeus*, „Pfaffenkäppli") in Frankreich seit 2 Jahren schon mehrfach, nach dem Zeugnisse des Hrn. Guérin-Méneville, mit bestem Erfolg als Surrogat zur Ernährung der Fagara-Raupe verwendet wurden. Diese Stellvertretung beruht gewiss nicht auf einem bloss zufälligen Zusammentreffen, sondern ohne Zweifel auf wichtigen chemisch-physiologischen Momenten: auf dem Vorhandensein gewisser Pflanzenstoffe, welche für die Gesundheit der Raupe und die Bildung der Seidenfaser wesentlich zu sein scheinen. Der durch die neuesten Untersuchungen nachgewiesene innige Zusammenhang zwischen Form und Zusammensetzung der Gewächse zeigt sich in der That auch hier deutlich in den zahlreichen chemischen Analogieen, welche die Pflanzen aus den formell, d. h. im System einander so nahestehenden Familien der Celastrineen, Rhamneen, Zanthoxyleen darbieten, und sich durch die verwandten Familien der Anacardiaceen (worunter Schinus molle L. ein Futtersurrogat der Fagara-Raupe) und Euphorbiaceen (mit dem Ricinus und seiner eigenthümlichen Seidenraupe, Bombyx arrindia) hindurch noch theilweise bis zu den entfernter stehenden Combretaceen und Sterculiaceen (mit den Terminalia- und Bombax-Arten als Nahrungspflanzen der vorgenannten ostindischen Seidenspinner) verfolgen lassen. Hier liegt noch ein weites Feld zu interessanten, vielversprechenden Forschungen offen, auf welchem diese und ähnliche Acclimatisationsbestrebungen in der nächsten Zeit sich ernsthaft werden bethätigen müssen. . . . Ein Blick auf die Bestandtheile der Pflanzen aus dem so eben bezeichneten Cyclus von Familien, welche jenen nahe verwandten Seideninsecten die Nahrung liefern, lässt uns, ausser den im Pflanzenreiche allgemein verbreiteten Stoffen, noch eine besondere Gruppe von Körpern erkennen, welche, ihrem stetigen Zusammentreffen in diesen Futterpflanzen nach zu schliessen, in einer nähern Beziehung zu einander und zur Production der Seide gedacht werden müssen. Wir meinen, neben den sonst ziemlich verbreiteten ätherischen Oelen und Harzen, die sogenannten Gerbstoffe oder Gerbsäuren, und besonders jene eigenthümlichen Körper aus der wissenschaftlich noch wenig aufgehellten Klasse der Bitter- und (hier meistens gelben) Farbstoffe, wodurch sich, wie schon früher bemerkt, besonders die Zanthoxyleen (namentlich erwiesenermassen Ailantus glandulosa) auszeichnen, die aber ebenfalls bei den Rhamneen (hier besonders häufig und allgemein), den Celastrineen (namentlich bei Evonymus europaeus), den Euphorbiaceen (besonders im Ricinussamen, den zahlreichen Euphorbia-Arten), den Combretaceen und Sterculiaceen nachgewiesen sind, und merkwürdigerweise auch bei einem zweiten, formell jenem erstern sehr ferne stehenden

Cyclus unter sich verwandter Familien, welche die Maulbeer- und Eichen-Seidenspinner nähren, nämlich den Moreen (ächte Maulbeerbäume), Artocarpeen, Cupuliferen (raupennährende Eichen-Arten), wieder eine hervorragende Stelle unter den Bestandtheilen einnehmen. Ja diese Gruppe von Stoffen, am allerwenigsten jene Gerb- und Bitterstoffe, fehlen in keiner einzigen der übrigen Pflanzenfamilien, welche uns bisher Futterpflanzen oder passende, erfolgreich gebrauchte Surrogate für eine der genannten Seidenraupen-Arten (mit Inbegriff der nordamericanischen Bombyx Cecropia Fabr.) geboten haben, und als den natürlichen Klassen der Juliflorae, Oleraceae, Aggregatae, Caprifoliaceae, Contortae einerseits, der Columniferae, Acera, Terebinthineae, Rosiflorae anderseits angehörend, sich systematisch mehr oder weniger enge an den einen oder den andern der obbezeichneten Familien-Cyclen anschliessen. Dazu kommt noch eine Reihe analog wirkender Arzneistoffe, als deren bekannteste Typen die bittern Quassienhölzer und das Ricinusöl genannt werden können, welche namentlich in dem erstgenannten Familien-Cyclus, aus der grossen Abtheilung der dialypetalen Dicotyledonen, so allgemein verbreitet sind, dass sie für deren chemischen Charakter bezeichnend werden, die aber zugleich, indem sie in dem zweiten Familienkreise aus der Abtheilung der gamo- und apetalen Dicotyledonen, ebenfalls ihre zahlreichen Vertreter finden, die chemische Verwandtschaft der beiden Familien-Cyclen vervollständigen helfen. Diese ganze Gruppe zusammengehöriger Stoffe, welche wir demnach wohl als die eigentlich wesentlichen im Seidenraupenfutter betrachten müssen, ist nun vollständig — und das ist für unsern Zweck gerade das wichtigste — auch in den Gewächsen der Gattung *Rhamnus* nachgewiesen, wovon in neuerer Zeit mehrere Arten glücklicherweise der Gegenstand eingehender chemischer und pharmocologischer Untersuchungen geworden sind. Reich an Gerbstoff sind die Blätter von Rh. Alaternus, ebenso die Rinde unseres Rh. Frangula, welche nebst dem Gummi, Eiweiss, Harze, purgirende bittere Extractiv-Stoffe und namentlich einen eigenthümlichen, krystallisirbaren gelben Farbstoff (*Frangulin**) enthält; ähnliche Farbstoffe (Rhamneïn, Chrysorhamnin,

---

*) Von Dr. A. Casselmann zuerst rein dargestellt und chemisch genauer studirt (vgl. Annal. d. Chemie u. Pharm. von Wöhler, Liebig u. Kopp, Bd. CIV. 1857, p. 77—93). Prof. Buchner jun. in München

Xanthorhamnin) wurden auch in den Beeren und der Rinde dreier bereits in der Färberei benutzten dornigen Arten aus Süd-Europa (Rh. saxatilis, infectoria, tinctoria) entdeckt, sowie solche aus den purgirenden, widrig bitteren Beerenfrüchten unseres gemeinen Kreuzdorns (Rh. cathartica) schon seit langer Zeit bekannt und im Gebrauche waren („Saftgrün", „Schüttgelb"). — Wir sind folglich schon aus chemisch-physiologischen Gründen zu dem Schlusse berechtigt: in diesen und den verwandten Kreuzdornarten, soferne ihre Blätter auch die zuträgliche Weichheit besitzen (also z. B. nicht lederartig sind) sehr passende Futter-Surrogate für die chinesische Fagara-Raupe zu suchen, wenn uns auch die systematischen Untersuchungen über den *tsche*-Strauch gar nicht auf diese Gewächse geführt und uns gänzlich irre geleitet hätten. —

Da uns demnach diese letzteren mit den früheren Betrachtungen übereinstimmend auf dieselbe besondere Gruppe von Kreuzdornarten (Section *Cervispina*) hinweisen, so dürfen wir nun wohl auch noch einen weiteren und letztenSchritt in dieser Frage versuchen, nämlich die Bestimmung der durch den *tsche*-Strauch repräsentirten species. Dahin können wir aber nur durch Herbeiziehung geographischer Momente gelangen. Diese sind hier um so wichtiger, als die interessanten Verbreitungsverhältnisse der in Frage stehenden Gewächse zugleich vorzüglich geeignet erscheinen, unsere bereits ausgesprochene Ansicht über diese Futterpflanze der Fagararaupe zu bekräftigen.

Der *tsche*-Strauch erscheint nämlich, nach den angeführten chinesischen Zeugnissen, durchaus als Gebirgspflanze, — und wird daher auch als *ye-sang* (wilder Maulbeerbaum) mit dem *schansang* oder „Berg-Maulbeerbaum" zusammengestellt. Er bewohnt jenen Angaben zufolge hauptsächlich die Provinzen Hu-pe,

---

hatte ihn schon früher (vor 1850), aber nur im unreinen Zustande, gekannt und vorläufig „Rhamnoxanthin" benannt. (Vgl Dr. M. Binswanger, pharmokolog Studien über Rh. Frangula und Rh. cathartica, eine gekrönte Preisschrift, München 1850.) Sehr beachtenswerth ist die grosse Aehnlichkeit dieses *Frangulin's* mit der *Chrysophansäure*, dem Farbstoffe, welcher in neuester Zeit als das eigentlich wirksame Prinzip in der (ähnlich wie die Frangula-Rinde wirkenden) Rhabarberwurzel erkannt worden, übrigens aber auch in unsern verwandten Rumex-Arten (R. obtusifolius, einem Futter-Surrogate der Ricinus-Seidenraupe, ohne Zweifel auch im R. alpinus, der bekannten Mönchsrhabarber oder „Plakte" der Aelpler) und in einer gemeinen Flechten-Art (Parmelia parietina) nachgewiesen ist. —

Hu-nan, Szü-tschuan, somit das leider von Europäern noch am wenigsten erforschte*) mittlere und westliche chinesische Gebirgsland am mittleren Laufe des Riesenstromes Ta-Kiang (früher fälschlich Jan-tse-Kiang), das im Osten von den reisbauenden oceanischen Niederlanden China's, im Westen von den ewigen Schnee- und Gletscher-Gebirgen des Tübetanisch-Chinesischen Hochlandes**), im Norden und Süden von den schneebedeckten Wasserscheiden des Pe-Ling (Nordkette) und Nan-Ling (Südkette, Kette der Miaoso oder Gebirgs-Barbaren) begrenzt, somit vom 26° bis zum 34° nördl. Br. reichend, im nördlichern Theile von einem dritten parallelen Gebirgszuge, dem Ta-pa-Ling (Mittelkette), von West nach Ost durchzogen wird, der mit seinem östlichsten Schneeberge Kian-ku-Schan noch in die fruchtbare Provinz Hupe hineinreicht und erst in der Nähe der Stadt Kuei-tscheou-fu endet, wo schon die Tiefebene China's beginnt und deren Umgebung bereits als „reich an Pommeranzen, Citronen und Limonenwäldern" geschildert wird. Des Seidenbau's in diesem grossen unerforschten Gebiete gedenken auch die spärlichen europäischen Nachrichten. Dass hiezu besonders in der westlichsten jener 3 Provinzen häufig der *tsche* verwendet werde, beweist folgende interessante Stelle aus einem der von Stanislas Julien übersetzten chinesischen Schriftsteller, die wir zur Ergänzung des bereits Gesagten hier noch nachtragen wollen. Am Schlusse eines Abschnittes über die zur Fütterung des Seidenwurms dienenden „Maulbeerblätter", worin es unter Anderm heisst, dass „die Früchte des Morus (murier) gegen die Epoche Li-hia (den 6. Mai: Julien) hin violett und reif seien, um gesammelt zu werden" — wird noch folgende Bemerkung hinzugefügt: „Es gibt auch Blätter (er sprach soeben von denen der gepfropften Maulbeerbäume), welche vom Baume *tsche* kommen; man benutzt sie bei'm Mangel an Maulbeerblättern als Ersatzmittel (Surrogat) für die letzern. In

---
*) Siehe C. Ritters Erdk. IV. Hochasien, p. 652.
**) Dieses grosse schneereiche Meridiangebirge, wofür C. Ritter den Namen Siue-Ling (d. h Schneegebirgszug) vorschlug, scheidet die Plateaulandschaften Ost-Tübet, Sifan und Khu-khu-Nor im West, von den chines. Provinzen Yunnan, Szu-tschuan, Schensi im Osten; oder das innere Plateauland Hochasiens von dem äussern chines. Gebirgslande, das in tausend zerrissenen Ketten, Zweigen, Gruppen, Stufenlandschaften, Engschluchten und Thälern in das Tiefland China's hinabsetzt. C. Ritter a. a. O. S. 403 u. ff.

der Provinz Tsche-kiang habe ich (sagt der chinesische Autor) keine tsche-Bäume gesehen, aber sie sind sehr zahlreich in der Provinz Sze-tschuan. In den ärmern Familien gibt man sie den Seidenwürmern, wann ihnen die Blätter des Morus ausgegangen sind. Alle Bogensehnen und Guitarresaiten sollen aus der Seide von mit tsche-Blättern gefütterten Raupen verfertigt werden, deren Cocons *ki-kien* heissen, ein Name der so viel sagen will, als dass die daraus gewonnene Seide geschmeidig (souple) und zähe sei." Hier ist nun zwar nur von der Zucht und einem (auch für uns wichtigen) Futter-Surrogate des gewöhnlichen Maulbeerseidenwurmos die Rede; denn derselbe Schriftsteller sagt an einer andern Stelle, wo er von den verschiedenen Arten des Seidenwurmes handelt, ausdrücklich: „die wilden Seidenwürmer, welche ihre Cocons von sich selbst, d. h. ohne Spinnhütten, spinnen, kommen von Tsingtscheu und Y-scheu," zwei Städten der Halbinsel Schantung im nordöstlichen China, also eben aus jener Gegend, wo d'Incarville seine oft erwähnten Beobachtungen gesammelt hat. Aber um so interessanter ist es, dass hier dem Producte des zahmen mit tsche-Blättern gefütterten Seidenwurmes fast dieselben Eigenschaften und Vorzüge zugeschrieben werden, wie oben (S. 39) von einem andern chinesischen Autor dem Producte des wilden oder Feldseidenwurmes, der vom Laube des tsche sich nähren soll und mit unsrer Fagara-Raupe identisch ist. Man erinnere sich, dass jener Autor ebenfalls von einer derartigen Verwendung des tsche-Baumes in China als von einer bekannten Sache und von dem so gewonnenen Producte in ähnlichen Ausdrücken spricht. Diese Uebereinstimmung beweist uns zugleich, dass beide chinesischen Schriftsteller unter dem Namen tsche dieselbe Pflanze begreifen und dabei ungefähr dieselben Gegenden des Reiches im Auge haben, namentlich die, wohl von diesem Producte (*Sse* oder *Ssu* das chinesische Wort für Seide) also benannte Gebirgsprovinz Suitschuan oder Sze-tschuan, eben dieselbe, von welcher der russische Uebersetzer [*]) eines fernern einheimischen Schriftstellers über

---

[*]) J. Goschkewitsch, über die Seidenzucht (aus dem Chinesischen übersetzt), in den Arbeiten der k. russischen Gesandtschaft zu Peking über China." Petersb. 1852—57, aus dem Russischen von Dr. C. Abel und F. A. Mecklenburg. Berlin. 1858. II. Bd. S. 511—533.

unsern Gegenstand bemerkt, dass sie durch die Seidenzucht zu einer der reichsten geworden sei. Letztere chinesische Schrift, welche in vier Capiteln die „nothwendigsten Bemerkungen über die Cultur des Maulbeerbaumes und die Zucht der Seidenwürmer" enthält, empfiehlt sich dem Practiker vor allen ähnlichen durch die Kürze, Klarheit und Präcision des Ausdruckes und die logische Anordnung des Stoffes, sowie nicht minder durch den Umstand, dass man genau weiss, von welcher Landesgegend die Rede, und da sie erst im Jahre 1818 geschrieben, folglich weit jünger ist als alle von den Franzosen übersetzten Autoren. Der Verfasser nennt sich Tschou-tschun-schun und berichtet von sich selbst in der Vorrede: „Ich bin in der Provinz Tschezajan geboren, und habe einen grossen Theil meines Lebens daselbst zugebracht, und zwar in einem Flecken, welcher verpflichtet war, Seide von 8 Cocons (Fäden) an die Schatzkammer zu liefern, und wo mithin die Maulbeer-Cultur und die Zucht der Seidenwürmer eine ganz gewöhnliche Sache und allen vollkommen bekannt ist." Die Schrift ist zunächst für die Bewohner des Kreises Schun-tschan (in derselben Provinz Sü-tschuan) geschrieben, wo der Verfasser damals sich aufhielt. „Im Kreise Schun-tschan, sagt derselbe, treibt man seit langer Zeit Ackerbau und Linnenweberei; nur an den Seidenbau hat man nicht gedacht. Man sagt, die Bodenbeschaffenheit sei in Sui-tschuan nicht der Art, dass die Maulbeere gedeihen könne. Dieser Einwand entbehrt aber jedes Grundes; denn, Wem ist nicht bekannt, dass hier vor langer Zeit 800 Maulbeerbäume standen?" — Der Verfasser ertheilt ferner folgenden beachtenswerthen Rath: „Drei Tage nach dem Erscheinen des ersten Wurmes, d. h. gegen den 10. April — sobald nämlich sämmtliche Würmer ausgekommen sind — muss man die Blätter der wilden Hagebutte*) (so nennen die Pflanze nämlich die

---

*) Die chinesische Flora ist reich an wilden Rosenarten. Schon De-Candolle hat 1825 in seinem Prodromus (II. 599 folg.) deren etwa ein Duzend Arten und ebenso viele Varietäten aus China (worunter Rosa bracteata Wendl. var. scabriuscula Lindl. aus der hier in Rede stehenden Provinz Ssetschian, und R. Hystrix Lindl. aus der Provinz Kiangsi) aufgezählt und daraus eine besondere Section (II. *Chinenses*) der Gattung *Rosa* gebildet, deren Arten, namentlich unsern Heckenrosen (Sect. IV. *Caninae*) gegenüber, durch glänzende, lederartige, nicht abfällige, meist nur dreizählige Blätter, und meist ungetheilte, zurückgeschlagene

deutschen Uebersetzer, wie aber das Original?) einsammeln, trocknen, fein zerreiben, und dieses Mehl auf das Papier mit den Würmern streuen. Sobald die noch in den Schaalen gebliebenen Würmer den Duft der Blätter spüren, kommen sie höchstens im Laufe von zwei Stunden sämmtlich hervor." Wenn hier nicht eine Verwechslung mit unserm *tsche* von Seite der Uebersetzer im Spiele ist, so hätten wir damit also ein zweites ebenso interessantes Futtersurrogat für den Maulbeerseidenwurm kennen gelernt. Wir erinnern dabei an die Fütterungsversuche, welche in unsern Gegenden in den letzten Jahren mit nahe verwandten Gewächsen, mit Blättern von Weissdorn (Crataegus), Quitten, Prunus- und selbst Spiraea-Arten an den verschiedenen neu eingeführten asiatischen Seidenraupen*) mit Glück ausgeführt worden sind. Noch auffallender erscheint wohl manchem Leser die Fütterung des gewöhnlichen Maulbeerseidenwurmes mit Reismehl, welche doch fast in allen Seidenbauschriften der Chinesen (namentlich bei Stan. Julien) für gewisse Perioden erfahrungsgemäss empfohlen, und (auch in einer Mischung mit Zucker und etwas Maulbeerlaub) seit einer Reihe von Jahren nun ebenfalls in Europa bei eintretendem Mangel oder schlechter Qualität des Laubfutters von einigen rationellen Seidenzüchtern**) mit bestem Erfolg

---

Kelchzipfel sich auszeichnen sollen. Welche Art unser chin. Autor meint, lässt sich nicht sagen; wir dürfen aber annehmen, dass die bisher den europäischen Botanikern bekannt gewordenen Arten aus jenen Ländern den geringsten Theil ihres reichen Rosenflors ausmachen. Die lederartige Beschaffenheit der Blätter der (meisten) chinesischen Rosenarten lässt dieselben als kein sehr geeignetes Seidenraupenfutter erscheinen, woraus sich die oben empfohlene Anwendungsart in Pulverform erklären lässt. Bei den meisten unserer einheimischen ebenfalls zahlreichen Rosenarten würde dieser Uebelstand wegfallen, und möchten wir daher zu Fütterungsversuchen mit denselben sehr aufmuntern.

*) Vergl. hierüber die bekannten Schriften von Hr. Guérin-Méneville über Bombyx Cynthia und Arrindia, ferner Bulletin de la soc. impér. zoolog. d'acclimatation, 1860 p. 140: Versuche mit B. Mylitta von Dr. Chavannes in Lausanne.

**) Hess in Oehringen hat seine Erfahrungen hierüber veröffentlicht. Derselbe hat neben einer kleinen Quantität Laub den Raupen feines Stärkemehl gereicht, womit er die Blätter überstreute. Er versichert namentlich, dadurch dem so nachtheiligen Durchfall der Raupen am besten entgegengewirkt zu haben. Sehr interessante Beobachtungen hierüber wurden vom Seidenbauverein

angewendet wird. Bei reichlichem Laubfutter kann durch eine solche Zufütterung von Reismehl mit Zucker der Ertrag an Cocons bedeutend vermehrt werden (bis auf 66³/₄ ℔ aus 1 Loth Eier in der Vereinsrauperei in Hannover im Jahr 1851). —
Wenn man dazu noch bedenkt, wie mancherlei Gewächse schon in Europa nur im Laufe der letzten Decennien als Surrogate der Maulbeerblätter zur Fütterung des Seidenwurmes empfohlen und zum Theil wirklich mit Vortheil benutzt worden sind, so namentlich die Blätter einiger Cichoriaceen, wie des Löwenzahnes (Taraxacum officinale), des Wiesenbocksbartes (Tragopogon pratensis und orientalis*), des gewöhnlichen Gartensalats (Lactuca sativa**) und der Schwarzwurz

---

in Hannover gemacht und in seinem fünften Jahresberichte mitgetheilt. Es wurden 9 Theile Reismehl und 1 Theil Zucker gemengt und mit dem zu verwendenden, etwas angefeuchteten Laube zur Fütterung gemischt. Die Raupen gewöhnten sich bald an die so bepuderten Blätter, und fielen mit einer wahren Gier über dieses Futter her; sie blieben gesund, nahmen herrlich zu und spannen vortreffliche Cocons. Durch dieses Surrogat wurden auf jedes Loth Eier 2 Thlr. 29 Gr. an Futterausgaben erspart. (Hess, Wochenblatt für Land- und Forstwirthschaft 1856 Nr. 23; vergl. ferner Polytechn. Centralbl. 1856 p. 1021, und Rud. Wagner, Jahresber. über d. Fortschr. d. chem. Technol. II. p. 296.)

*) *Tragopogon pratensis* L. wurde schon vor 30 Jahren als ein Surrogat für Morusblätter empfohlen (vgl. „Allg. Handlungszeitg." von Leuchs, Jahrg. 1831, S. 654). In den letzten Jahren hat Herr Jean Gross in Grüningen, Canton Zürich, interessante neue Versuche mit diesem Futtersurrogate für Bombyx Mori angestellt, worüber uns derselbe folgendes Nähere zu berichten die Gefälligkeit hatte: Ich fütterte einen Theil der Raupen mit Lactuca sativa, andere mit Myagrum (Camelina) sativum, andere mit Leontodon Taraxacum, und endlich die übrigen mit Wiesenbocksbart (die um Grüningen vorherrschende Art ist *Tragopogon orientalis* Koch). Schon nach 10 Tagen überzeugte ich mich, dass der Wiesenbocksbart das beste Surrogat sei. Mit den übrigen Pflanzen setzte ich die Versuche nicht länger fort, da die davon zehrenden Raupen starben. Die übrig gebliebenen wurden von nun an also ausschliesslich mit *Tragopogon* gefüttert. Wenn auch noch ziemlich viele Raupen zu Grunde gingen, so erlebte ich doch die Freude, dass die übrig bleibenden sich einspannen. Ich schickte die Cocons zum Abhaspeln an Hr. Major Zuppinger, einen der eigentlichen Begründer der Seidenzucht in der Schweiz. Er fand, dass die so erhaltene Seide, was Stärke und Elasticität betreffe, von der gewöhnlichen durch Maulbeerfütterung erzielten sich durch Nichts unterscheide, und nur in Bezug auf Glanz etwas matter sei. —

**) Ueber das Auffüttern der Seidenraupen mit Salat (und zwar

(Scorzonera hispanica*), aber auch diejenigen des Eibisch oder der sogenannten Stockrose (Althaea rosea**), und der Bibernell (Pimpinella magna***), so muss man, im Hin-

---

einer wie es scheint fremden Art von *Lactuca*) allein, Versuche von Edward Heard, vrgl. Dinglers polytechn. Journ. Jahrg. 1828. S. 159 u. ff. In einer 1858 vom Central-Institut f Acclimat. in Deutschl. veranstalteten Ausstellung in Berlin waren auch Cocons von mit Salat gefütterten Seidenraupen (B. Mori) zu sehen. Sie zeichneten sich durch eine schwefelgelbe in's Grünliche spielende Farbe, gröbern Faden und viele lockere Florettseide aus. Die Versuche rührten von einer Dame her. (Vergl. Annal. d. Landwirthschaft f. d. kgl. preuss. Staaten, redig. v. Dr. Lüdersdorff. Bd. 33 d. 17. Jahrgs. Berl. 1859.
*) Dingler's polytechn. Journ. Jahrg. 1829 p. 464 ff. enthält: Jacob Seimels Tagebuch üb. d. Seidenzucht i. d. gräfl. v. Montgelas'schen Garten zu Bogenhausen und daraus einige interessante Resultate 3jähriger Versuche mit dem Sterler'schen Surrogate (*Scorzonera hispanica* L.) Es ergiebt sich daraus, dass die Raupen vom Surrogat auf das Morusblatt und umgekehrt von diesem auf jenes gehen; dass die von Anfang an bis zur zweiten Häutung mit dem Surrogat und dann mit Morus gefütterten Raupen weit grösser und fetter (robuster) werden als die ausschliesslich mit Maulbeerlaub gefütterten, dass ferner das Surrogat auch bis nach der dritten und vierten Häutung noch mit Vortheil gereicht werden kann; dass dasselbe somit, wenn die Maulbeerblätter durch Frost oder Reifen zu Grunde gehen, ein vortreffliches Aushülfsmittel darbietet bis zur Herbeischaffung frischer Blätter. Die schweizerischen Seidenzüchter machen wir auf die von der Garten-Scorzonera kaum specifisch verschiedene kleinere wilde Schwarzwurz (*Scorzonera humilis* L.) aufmerksam, welche auf sogen. Riedern der Tiefthäler und auf mehr oder weniger feuchten Wiesen der Bergregion (Appenzell, Albiskette, Graubünden), durch die nordöstliche Schweiz und bis zum Waadtländer Jura (Vallée de Joux) hin in mehreren Formen (Sc. plantaginea, macrorrhiza, augustifolia Hegetschw.) verbreitet, stellenweise (wie namentlich auf dem Sarganserried, im St. Galler Rheinthal) in so grosser Menge wächst, dass sie vielleicht mit mehr Vortheil als Surrogat verwendet werden könnte als jene immerhin ein gutes Ackerland und einige Pflege erfordernde Gartenpflanze. Alle die hier bisher genannten Gewächse aus der natürl. Abtheilung der Cichoriaceen sind übrigens auch zur Fütterung unserer neu eingeführten Fagarasowie auch der Ricinus-Seidenraupe (Bomb. Cynthia und B. Arrindia) mehrfach schon mit Glück versucht worden. — Von Fontenay, der damit ebenfalls Versuche angestellt, wurde dagegen dieses Surrogat verworfen (vrgl. Dingler's polyt. Journ. Bd. 54, S. 227).
**) Die Blätter der *Alcea* (*Althaea*) *rosea* von Meisner als Surrogat der Maulbeerblätter empfohlen, in „Allgem. Handlungsztg." von Leuchs. Jahrg. 1831, S. 411.
***) Vorschlag eines Surrogats (*Pimpinella*) statt der Maul-

blick auf alle diese unbestrittenen Thatsachen, die immerfort noch wiederholte Behauptung: als ob der Seidenwurm (Bombyx mori) „in seiner höchst einseitigen Ernährung ausschliesslich auf das Blatt des weissen Morus angewiesen sei und somit unter allen vegetabilischen Gebilden nur in diesem die Elemente der Seide vorfinde", als eine leere jeder thatsächlichen Begründung entbehrende Phrase, kurz als eine pure Fiktion bezeichnen. Vom chemisch-physiologischen Standpunkte aus wäre diess dermalen auch eine ganz unerklärliche Erscheinung und muss man eine derartige Behauptung in unsern Tagen zumal aus der Feder eines chemischen Schriftstellers ganz unbegreiflich finden. Man kennt ja heute die chemische Zusammensetzung des Maulbeerblattes und muss daher wissen, dass sich unter seinen Bestandtheilen (Eiweiss, Chlorophyll, Zucker, gefärbter Schleim, Bitterstoff, äpfelsaurer Kalk und Holzfaser in den Blättern von Morus alba, nach Lassaigne) kein einziger eigenthümlicher, ja nicht einmal ein einziger Stoff vorfindet, der nicht zu den im Pflanzenreich sehr verbreiteten zu zählen wäre. Wenn aber jene Chemiker wirklich einen solchen im Maulbeerblatt gefunden zu haben glauben, so mögen sie der Wissenschaft ihre interessanten Entdeckungen doch nicht ferner vorenthalten, oder aber ihrem heutigen Publikum nicht länger den Aberglauben zumuthen an irgend ein wunderbares geheimnissvolles Etwas, das mit „magischer Gewalt" die Seidenraupe an den Maulbeerbaum, wo nicht etwa gar diesen an jene fesseln soll, gerade so wie einst die naturphilosophische Schule eine ganze Flora von Unkräutern den Fussstapfen des Menschen bis ins Dunkel der Urwälder folgen liess von wegen jener magischen Gewalt, in welcher die neuere Wissenschaft aber nichts als eitel Ammoniak erkannt hat, dessen jene vegetabilischen Proletarier in reichlichem Maasse unter ihren Nahrungsmitteln bedürfen und darum überall auf einem von thierischen Abfällen gedüngten Boden sich ansiedeln. Freilich giebt es dennoch so ein Etwas, welches obwohl weder durch Mikroskop noch chemische Waage und Retorte nachweisbar, doch Jahrtausende hindurch mit strenger Consequenz und Ausschliesslichkeit unser Seideninsect an den weissen Morus oder vielmehr diesen an jenes gekettet hat,

---

beerblätter (vgl. „Zeitbl. f. Gewerbtreibende" etc. von Weber, Berlin 1828—33. Bd. 1—7).

und diese so mächtig und so stetig wirkende „magische Gewalt" heisst hier mit einem zwar alltäglichen aber vielsagenden Worte: Industrie! Ja es ist nichts anderes als der berechnende industrielle Sinn des Seidenbauers, welcher schon vor vier Jahrtausenden in China, wie noch heute in Europa, es bald und richtig erkannt hat, dass ihm wohl kein anderes Futtergewächs und keine andere Cultur denselben Vortheil bringe wie die Cultur des Maulbeerbaums, welcher „in allen Provinzen des Reiches" gedeiht und mit dem schlechtesten Boden vorlieb nimmt, die Cultur eines Baumes, welcher jährlich eine 3—4malige Blättererndte gestattet, die im Verhältniss zur benutzten Bodenfläche weitaus reicher ist als bei irgend einer der blattreichsten Futter- oder Gemüsepflanzen, eines Baumes endlich, der einmal gepflanzt Jahrhunderte lang steht und ohne eine besondere Pflege fortfährt, seinen reichen Laubsegen zu spenden, woraus ohne alle Beihülfe „der Wurm im Staube" seinen kostbaren Faden spinnt. Ein ähnliches Raisonnement spricht wirklich unser zuletzt angeführte chinesische Gewährsmann in der Vorrede zu seinem Buche folgendermaassen aus: „Die Cultur des Maulbeerbaumes ist dasselbe, was der Getreidebau. Nur muss man das Getreide alljährlich säen, während die Maulbeerbäume, wenn sie aufschiessen und einen Hain bilden, jedes Jahr (von selbst) ihre Blätter liefern. Und die Zucht der Seidenwürmer ist genau dasselbe, was die Linnenweberei; nur kann man nicht anders weben, als so dass man zuvor die Kette gehörig zugerichtet hat: zieht man aber Seidenwürmer, so spinnen sie ihre Cocons selbst und man hat dieselben nur abzuwickeln. Dieses Werk ist leichter als jenes! Der schlechteste Baum gibt jährlich 30—40 Gin (1 Gin = 1 ℔ 12 Loth) Blätter. Eine Würmermenge aber welche 150—160 Gin Blätter frisst, gibt 1 Gin Seide: wer folglich 5 Bäume besitzt, der kann so viel Würmer füttern, dass er 1 Gin Seide erhält. Dabei brauchen die Würmer vom Augenblicke ihrer Geburt bis zu der Zeit, da sie Cocons spinnen, nicht mehr als einen Monat: ist also der Vortheil des Seidenbaus vor dem Ackerbau nicht augenfällig? nicht augenscheinlich sein Vorzug vor dem Weberhandwerke?" — Dieser Vortheil würde aber bei Verfütterung der obgenannten europäischen Maulbeer-Surrogate wenigstens zum Theil ein illusorischer werden. Denn diese bestehen fast nur aus niedrigen, meistens ein- oder zweijährigen Kräutern, die bei ungleich geringerem Blätterertrag eine mindestens ebenso gute Bodenart und Pflege verlangen, als andere Garten-, Acker und Wiesenpflanzen, und daher in den meisten Fällen wohl nur einem einträglichern Culturzweige im Wege stehen würden. Anders die besprochenen chinesischen Surrogate, welche entweder als von wildwachsenden Straucharten (wilden Heckenrosen und dem tsche-Strauche) kommend, ähnliche äussere Vortheile darbieten wie der Maulbeerbaum, oder wie in dem Reismehl, bei dem Ueberflusse an dieser Frucht in den reisbauenden Niederungen Chinas, ein sehr billiges Futtermaterial darstellen.

Die Anwendung solcher Futtersurrogate, für gewisse Entwicklungsperioden des Seidenwurmes und für gewisse (Gebirgs-) Gegenden des Reiches, hat sich in der fünfthalbtausendjährigen Erfahrung der chinesischen Seidenzüchter gewiss nicht ohne tiefern Grund bis heute behauptet. Dagegen befürchten wir sehr, der europäische Speculationsgeist möchte in seinem angedeuteten einseitigen Calcul sich diessmal verrechnet, und in seiner Seidenwirthschaft die Rechnung ohne den eigentlichen Wirth gemacht haben. Oder ist etwa in der That nicht Grund genug zu befürchten, es möchte hiebei von jener Seite der Natur und den Bedürfnissen des kleinen Seidenspinners zu wenig Rechnung getragen worden sein? Man bedenke nur, dass der Maulbeerseidenwurm, wie aus den angeführten Surrogaten und Fütterungsversuchen mit Bestimmtheit hervorgeht, so gut wie die sämmtlichen übrigen uns bisher näher bekannt gewordenen und ihm zum Theil so nahe verwandten wilden Seidenraupenarten*), wie ja die meisten Bombyciden, und überhaupt alle

---

*) Für die polyphagische Natur der Eichen-Seidenraupe des südl. China (*Saturnia Pernyi Guérin.*, identisch mit jener aus dem Norden China's, welche dort auch auf verschiedenen Eichenarten lebt) finden wir ein neues Zeugniss im VII Jahrg. (1860) des Bulletin de la soc. zool. d'acclimatation p. 342., wo das Schreiben eines franz. Missionärs aus Yünnan, des Mgr. Chauveau (Bischofs von Sebastopol in partibus) eingerückt ist. „Ich reiste einst, so erzählt derselbe, vor 13 Jahren im October durch die Gebirge der Provinz Kui-tscheu (zwischen Yünnan und Szü-tschuan gelegen), als wir zu einem kleinen Wäldchen von Haselstauden kamen. Da es das erste Mal war, dass ich diese Frucht in China fand, so wurde natürlich ein Halt gemacht. Während wir nun unsere Haselnüsse knackten, bemerkte mir ein Landeseinwohner (païen), welcher in meiner Gesellschaft reiste, dass auch die wilden Seidenwürmer, wenn sie auf den Eichen keine Blätter mehr fänden, sich gerne von dem Blatte der Haselstaude ernähren."

laubholzfressenden Raupen, eigentlich nichts weniger als ein monophagisches (d. h. auf eine einzige Pflanzenart angewiesenes) Insect ist! Dieses erscheint auch ganz natürlich, wenn man ferner bedenkt, dass eine gewisse Mannigfaltigkeit, ein gewisser von Klima, Jahreszeit und Entwicklungsperiode des Individuums bedingter Wechsel der Nahrungsstoffe, als ein in allgemeinen durch die ganze organische Natur gültigen Gesetzen der Ernährung beruhendes Moment, die Grundlage einer jeden vernünftigen Diätetik bildet. Oder sollte dieses physiologische Grundgesetz, das nicht nur für die höher und am höchsten gestellten thierischen Organismen, sondern auch für die einfachern Gebilde des Pflanzenreichs seine volle Berechtigung hat und zu den wichtigsten Consequenzen führt — (Wer wüsste heute z. B. noch nicht, dass sogen. einfache d. h. einseitig zusammengesetzte Bodenarten, wie reiner Quarz- oder Dolomitsand, reiner Kalk- oder Serpentinkies, Kalksinter etc. zu den unfruchtbarsten gehören, während gewisse Arten von Lehm- und Mergelboden gerade einer glücklichen Mischung der wichtigsten Mineraltheile ihre ausserordentliche Fruchtbarkeit verdanken?) — ein Gesetz, welches auch bei den übrigen Seideninsecten sich so schön bewährt, sollte dasselbe nun einzig und allein beim Maulbeerseidenwurm, offenbar nur den Finanzen seiner Züchter zu lieb, plötzlich eine sonderbare Ausnahme erleiden? Nein! Solche Inconsequenzen, so dehn- und wandelbare Gesetze kennt die Natur glücklicherweise nicht.

Fast hat es aber den Anschein, als ob der europäische Seidenzüchter bisher auf eine solche Anomalie, auf eine eigenthümliche Immunität des Seideninsects im Reiche der Natur, im Ernste speculirt habe. Denn während, allen einheimischen und fremden Zeugnissen zufolge, unser ältester Lehrmeister in diesem Fache, der erfahrene Chinese, seine kleinen Spinner wie wirkliche Kranke behandelt, in Bezug auf Nahrung, Ruhe, Lüftung, Reinlichkeit, Licht und Wärme sie mit der sorgfältigsten Pflege umgibt, sie in ihren Lebensverrichtungen selbst durch weise Staatsgesetze schützt, kurz für ihr Wohlbehagen mit weit mehr Aufmerksamkeit sorgt als heute noch an manchem Centralpunkte europäischer Bildung kranken Mitmenschen zu Theil wird, — erblickt der grösste Theil unserer Seidenzüchter in diesen Thierchen immer noch nichts weiter als so eine nützliche Art von Seidenmaschine, die man hier nur mit Maulbeerlaub zu füllen habe, um dort die fertigen

Cocons herauszuhohlen. Ja, ohne im mindesten zu bedenken, dass der empfindliche Organismus des Maulbeerseidenwurms, welcher schon in seiner ersten Heimath als das schwächliche Product der künstlichen Züchtung allerlei schädlichen Einflüssen weit mehr ausgesetzt ist als seine im Freien lebenden Verwandten, dazu noch durch die Versetzung aus dem continentalen Klima Ostasiens in die feuchten Küstenklimata von Süd- und West-Europa einen bedeutenden Eingriff erlitt und so einer Menge neuer Gefahren und störender Einflüsse entgegenging, — ohne ferner im mindesten zu bedenken, dass auch sein vegetabilischer Gefährte und Futterlieferant, der Maulbeerbaum, durch die Verpflanzung in Länder von den abweichendsten klimatischen und Bodenverhältnissen grosse Veränderungen in der Mischung seiner Bestandtheile erlitten haben und noch immerfort erleiden muss, gerade von Bestandtheilen, welche für die Existenz des Baumes zwar nicht nothwendig aber für die Gesundheit des Insects um so unentbehrlicher sein können: — unbekümmert um diess Alles wie um Wohl oder Weh der Seidenwürmer, fuhren wir in Europa vielmehr seit dreizehn Jahrhunderten im alten Schlendriane fort, diesen armen Thieren eine naturwidrige Diät und Lebensweise aufzuzwingen, sie ausschliesslich und immerfort mit schlechtem oder degenerirten Maulbeerlaube abzufüttern und sie dazu noch durch harte Gefangenschaft in verdorbener Zimmerluft und unpassenden Lokalen zu misshandeln. Die ernsten Folgen so grosser Fehlgriffe konnten nicht ausbleiben. Und so haben denn — das geht aus Obigem mit zwingender Nothwendigkeit hervor — also menschlicher Unverstand, rücksichtslose Gewinnsucht und kurzsichtiger Speculationseifer bei uns in Europa leider zum grossen Theile selbst herbeigeführt, wessen man so gern die Natur allein beschuldigen möchte, wir haben durch linkische Eingriffe in die Lebensfunctionen dieser zarten Organismen (welche doch wahrlich nicht zum Seidenspinnen allein geschaffen sind) das Gleichgewicht harmonisch wirkender Kräfte in ihnen gestört und haben so selbst den Keim gelegt zu einer allgemeinen Dyskrasie und Entartung des Seideninsects, welche schon seit Jahrhunderten eingeleitet und von Generation zu Generation sich fortentwickelnd, unter der Gunst besonderer tellurischer (Witterungs-) Verhältnisse in den letzten Jahrzehnten endlich zu jener verheerenden Epidemie sich steigern konnte, wodurch die Natur an grossen Ländergebieten weit über das Areal der Seidenzucht hinaus sich zu rächen scheint für die thierquälerische Misshandlung von so vielen Millionen Individuen eines ihrer freigeschaffenen lebendigen und fühlenden Wesen. So hat denn aber auch der altkluge Chinese ohne alle tiefere Einsicht, einzig geleitet durch eine uralte Erfahrung und unterstützt durch die Gunst eines glücklichern Klimas, diesen fatalen Folgen der künstlichen Züchtung bisher noch immer zu steuern gewusst, welche der civilisirte Abendländer, obwohl ihm der gesammte reiche Apparat der fortschreitenden Naturwissenschaften und die ganze Fülle der dadurch gewährten Einsicht in den Gesammthaushalt der Natur wie in die geheimen Werkstätten des Lebens zu Gebote stehen, trotz Verschwendung so vielen Rauches und trotz Auffindung so vieler angeblichen Specifica noch immer umsonst zu beseitigen versucht — weil er das nächstliegende und einzige radicale Heilmittel bisher fast gänzlich übersehen hat. Wir meinen damit nichts anderes als ein rationnelles, d. h. natur- nicht bloss culturgemässes Regime des Seidenspinners, wie es uns alte Erfahrungen im Bunde mit der heutigen Wissenschaft als das richtige erkennen lassen. —

Unsere so eben entwickelte Ansicht enthält im Grunde nichts Neues. Denn sie beruht ja grösstentheils auf Anschauungen, welche heute bereits nicht nur jedem Naturforscher und fortschreitenden Arzte, sondern ebenso gut jedem rationellen Land- und Forstwirthe geläufig, ja überhaupt keinem Gebildeten mehr fremd sind. Gerade auf die Deutung der Raupenseuche scheint man sie aber bisher noch nicht angewandt zu haben; wenigstens kennen wir unter den so vielen dagegen vorgeschlagenen Schutz- und Heil-Mitteln keines, was auf eine solche Ansicht von dem Wesen der Krankheit schliessen liesse. Auch sind wir nicht so befangen, unsere Ansicht als die einzig richtige hinstellen zu wollen, und als ob sie die endliche Lösung aller grossen Räthsel enthielte, welche in diesen und ähnlichen Erscheinungen die Natur uns aufgegeben hat; die alte Sphinx, das wissen wir schon, wird sich desshalb noch nicht vom Felsen stürzen. Aber man wird uns zugeben, dass die versuchte Erklärungsweise, auf welche die Betrachtung und logische Verknüpfung einer Reihe von ebenso wichtigen als unbestreitbaren Thatsachen uns wie von selbst geführt hat, heute am einfachsten am nächsten liegend und am befriedigendsten erscheint.

Dieselbe lässt sich auch in ebenso ungezwungener Weise

auf die Krankheiten der Kulturgewächse anwenden. So nahe eine solche, hier keineswegs neue, Anschauungsweise sich auch darbietet, eben so wenig ist dieselbe auch hier noch allgemein durchgedrungen oder bisher in der Praxis irgendwie verwerthet worden. Folgende Bemerkungen über diesen Punkt möchten daher nicht ganz überflüssig sein.

Wir haben bereits oben von einer Degeneration, von einer durch die Verpflanzung in das europäische Klima herbeigeführten Alteration in der Säftemischung des Maulbeerbaumes gesprochen. Eine solche Annahme wäre zur Erklärung der Raupenkrankheit zwar allerdings nicht nothwendig; denn eine zweifelsohne bestehende, durch bedeutende klimatische Differenzen zwischen China und Europa gebotene Verschiedenheit in der Entwicklungsstuffe (Reife) und damit, wie immer, parallel gehend auch in der chemischen Zusammensetzung, welche das zur Raupenfütterung verwendbare Maulbeerlaub erlangt, also die Anwendung eines gewissermassen noch „unreifen" Laubfutters in onsern Züchtereien, würde ja schon eine genügende Krankheitsursache darbieten. Aber es nöthigen uns überwiegende Gründe an unserer obigen Ansicht festzuhalten, und beim Maulbeerbaume auch eine von der Entwiklungsperiode unabhängige Veränderung in der chemischen Beschaffenheit seiner in Europa producirten Blätter anzunehmen.

Jedermann kennt heute die Bedeutung von Klima und Boden in Beziehung auf die Pflanzenwelt. Allgemein bekannt ist namentlich die unendlich grosse Abhängigkeit vieler, ja der meisten Culturgewächse von der Macht dieser äussern Einflüsse. Man weiss, dass sogar die feinsten, durch unsere genausten meteorologischen Beobachtungen kaum mehr nachweisbaren Nüancen derselben oft noch im Stande sind, in den davon beeinflussten Pflanzenproducten, wie in den Früchten und Säften einer und derselben Baum- oder Strauchart, so bedeutende Verschiedenheiten hervorzurufen, dass die Kenntniss solcher Thatsachen dem Practiker, dem erfahrenen Gärtner, Wein- oder Obstbauer oft näher liegt als dem gelehrten Botaniker oder Meteorologen. Derartige Beobachtungen sind überhaupt so alt und so weit verbreitet als der Anbau von Culturgewächsen, als die Kunst der Gärtner und Landwirthe, und diese sind daher von jeher gewohnt gewesen in ihren Producten das gemeinsame Resultat ihres Fleisses und jener ewig schwankenden Factoren zu erblicken. Der Practiker findet aber auch den

Grund der schwierigen Verpflanzung (Acclimatisation), wie der Pflanzengeograph die Ursache des oft sehr beschränkten Verbreitungsbezirks so manchen Culturgewächses in solchen Verhältnissen. Diess gilt besonders, und mehr noch als von den feinern Wein- und Obstsorten unserer Gegenden, von vielen aromatischen Gewächsen wärmerer Zonen. Von den Gewürzen der Molukken, von Ceylon's Zimmet, von Mokka's Kaffee, aber im gewissen Sinne auch von der Chinarinde der peruanischen Anden und von der Rhabarber des Tübetanisch-Chinesischen Hochlandes gilt eben so gut wie vom chinesischen Thee der Ausspruch Carl Ritters (Erdk. Asien. II. 246.) „Die Pflanze kann die Transplantation vertragen und bleibt Theestrauch; aber der eigenthümliche Duft, nur mit wenigen Ausnahmen (wie vielleicht in Brasiliens Anpflanzung und den versuchten auf der Insel Bourbon) ist dahin, wie das Karlsbader Wasser nicht mehr Sprudel bleibt, wenn es verschickt wird; oder mit der neuen Heimath wird dem Gewürz eine andere Nüance des Duftes oder Geschmackes, wie bei der Arabischen Bohne des Mocha-Kaffees, zu der von Java und den Antillen." . . . . So kann auch die Weinrebe, das köstliche Geschenk der trockenen Gebirge Kleinasiens, fügen wir hinzu, die Verpflanzung vertragen, — die Verpflanzung bis in die Nebel Nord-Deutschlands, oder an die feuchten Gestade der Schweizersee'n, oder bis zu vier Tausend Fuss Meereshöhe hinauf in die kühlere Bergluft der Rhätischen Alpen *) — und überall bleibt die Pflanze noch

---

*) Verschiedene Momente, theils in Naturverhältnissen theils in Culturzuständen beruhend, liessen den Weinbau in manchen Alpenthälern früher weit höher hinaufreichen als heutzutage. So namentlich in den rhätischen Alpen, im Gebiete des jetzigen Cant. Graubünden, dessen heute ein so gesuchtes Product liefernden (in den sonnigsten Lagen aber nicht mehr über 2500' hinaufreichenden) Weinberge schon in den ältesten Documenten des Bisthums Chur, seit dem 8. Jahrhundert, eine bedeutende Rolle spielen. Aus solchen Urkunden erhellt die unzweifelhafte Thatsache, dass damals nicht nur in tiefer liegenden jetzt nicht mehr weinbauenden Thälern (zwischen 2—3000' über Meer), wie in der Gruob (Sagens, Ilanz), im Domleschg, bei Thusis etc. viel Weinbau getrieben wurde, sondern um's Jahr 841 und bis in's 11. Jahrhundert auch noch bei *Ouine* (sonnige Ackerterrasse Duvein bei *Mons*) im Albulathale, also etwa bei 3500' Par. üb. M., und in den Jahren von 930 bis 1120 sogar bei *Remüs* im Unter-Engadin, somit noch bei 3800—4000' Par. üb. M. (meistentheils geistlichen Stiften zugehörige) Weinberge existirten.

Weinrebe; aber die Blume des Tokaiers ist im Grüneberger, aber der Zucker und die Würze des Muscatellers ist im Bendlikoner*) Safte dahin, und dem nurmehr historischen Alpenweine, welchen die ehemaligen Weinberge des Unter-Engadins und Albulathales hervorbrachten, fehlte ganz gewiss das liebliche Aroma des Veltliners oder der Feuergeist des ächten Rhätiers, der einst das Herz römischer Imperatoren und Dichter erfreut hat! — Aber auch unter den wildwachsenden Pflanzen unserer Flora hat man bereits ähnliche Beispiele kennen gelernt. So enthält der Saft des gefleckten Schierlings (Conium maculatum), dessen Trank dem grössten Weisen Griechenlands einst den Tod gebracht haben soll, in unsern Gegenden noch das giftige Alkaloid (Coniin), in Schottland aber nicht mehr. So wird eine in der Heilkunde noch viel gebrauchte Giftpflanze unserer Alpen, das blaue Eisenhütlein (Aconitum Napellus L.) das verhasste Unkraut in der Umgebung aller Stäffel und Sennhütten, welches bisweilen in die tiefern Thäler (z. B. an der Seez bis Wallenstadt, an der Sitter bis in die Nähe von St. Gallen, auch bei Rifferschwyl, als Aconitum rivale Hegetschweil.) herabsteigt und wovon Spielarten in unsern Gärten gezogen werden, immer noch am liebsten aus den Alpen verschrieben, weil die Pflanze höherer Standorte reicher an wirksamen Bestandtheilen (namentlich an Aconitin) ist, als die der Tiefe. Aehnliches ist von vielen andern Alpenkräutern bekannt. Und es mag mit solchen Verhältnissen die von uns constatirte beachtenswerthe Thatsache im nahen Zusammenhange stehen: dass nämlich viele einheimische Pflanzentypen in Folge klimatischer Einflüsse (wie bei ausgedehnter Verbreitung, bei Uebersiedelungen) nicht nur in ihren äussern Formen, in ihrem Habitus, sondern auch in ihren Bodenbeziehungen, somit in ihren Nahrungsbedürfnissen und also natürlich auch in ihrer chem. Constitution bedeutende Veränderungen oder Modificationen erleiden können. So wechseln viele Typen unserer Alpenflora, welche mehrere Gebirgsetagen übereinander bewohnen, mit

---

Noch höher hinauf verlegt solche hier und anderwärts die dichtende Volkssage. — Ebensohoch zieht man in Graubünden die Weinrebe heute noch an Spalieren; aber die Früchte reifen dann selten mehr.—

*) In der Literatur schon seit länger als einem Jahrhundert bekannt durch das Scheuchzer'sche bon mot: „Vinum Bendliconense acrius est ense."

Standort und Gestalt zugleich auch ihre Bodenbeziehungen in der Weise, dass öfters characteristische strenge „Kalkpflanzen" (sog. kalkstete) des Tieflandes beim Hinansteigen in's Hochland sich in ebenso strenge „Kieselpflanzen" verwandeln,*) oder auch umgekehrt — jedoch ist diess seltener der Fall — dass ausschliesslich kieselreiche Bodenarten bewohnende, also kieselbrauchende Tieflandspflanzen im Hochlande durch kalkbrauchende Formen desselben Typus vertreten werden**). Ebenso werden kalkstete Pflanzenarten nördlicher Alpenthäler häufig beim Ueberschreiten der Centralkette dem Kalke untreu und bewohnen dort in den transalpinen Thälern plötzlich den kieselreichsten Granit- oder Gneissboden***). Diese Beispiele mögen genügen, um einerseits an die weitreichende Macht dieser äussern Agentien und anderseits an die grosse Biegsamkeit des Pflanzenorganismus zu erinnern. Sie zeigen hinlänglich, dass uns nicht bloss eine willkürliche Annahme sondern eine nothwendige Schlussfolgerung jene allgemeinen Gesetze auch auf den zu uns verpflanzten Maulbeerbaum anwenden liess, indem wir oben von einer dadurch herbeigeführten Veränderung in der Qualität und dem Stoffgehalt seines

---

*) Vrgl. meine Arbeit: „Die Centralalpen-Flora von Ost-Rhaetien, Beobachtungen und Studien über Formwandlungen und Verbreitungsverhältnisse der im *Engadin*, im bündn. Münsterthal und in Samnaun, sowie in den benachbarten Tiroler-Veltliner- u. Bündner-Alpen wildwachsenden Gefässpflanzen, mit Berücksichtigung ihrer Beziehungen zu Klima und Bodenart)", — wovon der erste die *Thalamifloren* behandelnde Theil bereits im Jahr 1856 gedruckt in meinen Händen lag und mehrfach verbreitet wurde, aber erst im Jahr 1860, unter dem usurpirten und durchaus falschen Titel „zur Flora Tirols" als V. Abthlg. der „Beiträge z. Naturgesch. v. Tirol" in Zeitschr. des Ferdinandeums f. Tir. u. Vorarlb. III. Folg., 9. Heft, (Innsbruck, Wagner'sche Buchdr.) in den Buchhandel kam, wogegen Verf. s. Z. energischen aber bisher erfolglosen Protest eingelegt hat. Dort finden sich u. a. auf S. 39 (unter Draba Zahlbruckneri), 49 (Hutchinsia brevicaulis), 73 (Polygala glacialis), 84 (Dianthus atrorubens), 97—98 (Silene exscapa), 132 (Cerastium glaciale), 141 (Cerastium strictum und alpicolum) etc. hiefür zahlreiche Belege und Aussprüche.
**) Ebendaselbst S. 88—89 (Dianthus glacialis), S. 99 (Lychnis alpina), S. 141 Anmerk. u. a. O.
***) Vrgl. meine pflanzengeograph. Skizzen in „Leonhardi, das Poschiavino-Thal" (Leipz. M. Engelm. 1859), namentlich S. 131, wo die Eigenthümlichkeiten in den Vegetationsverhältnissen dieses Thales zusammengefasst sind (unter litt. c).

in unsern Gegenden producirten Laubes, als von einem die Erkrankung des Seidenwurms vorzüglich begünstigenden Momente sprachen. Denn nach dem Gesagten ist es wohl klar, dass die bisherige Voraussetzung unserer Seidenzüchter, die da ihren Zuchtthierchen im Maulbeerlaube das nämliche Futter zu reichen wähnten, wie die klugen Chinesen, eine durchaus falsche war und gerade etwa so viel sagen will, als die lächerliche Behauptung, Grüneberger und Bendlikoner seien dasselbe was Johannisberger und Tokaier, oder die Landshuter „Lacryma Petri"*) dasselbe was „Lacrymae Christi" — weil sie ja sämmtlich von der gleichen Pflanzenart kommen: freilich sind alle diese Weine der Saft von Vitis vinifera Linnaei, aber cum grano salis — ist denn jeder „Rebensaft" das gleiche Getränk? — gibt's denn der „Gewächse" dieser Art nicht so sehr verschiedene!

Obige Betrachtungen führen uns noch zu weitern Folgerungen. Das angedeutete Accomodationsvermögen vieler Pflanzentypen kann der grossen Mannigfaltigkeit und Wandelbarkeit jener äussern Agentien gegenüber denn doch kein unbegrenztes sein; es muss da gewisse, jedem Typus bestimmt zugemessene Grenzen und endlich irgend einen Punkt geben, welcher nicht ohne Gefährdung oder Vernichtung des normalen Gleichgewichts im gesunden Pflanzenorganismus von jenen tyrannischen Mächten überschritten werden kann. Solchen Eingriffen werden auch hier wie im Thierreiche zähe unbiegsame Naturen einen kräftigern Widerstand entgegensetzen und länger Trotz bieten denn schwächliche, flexible, wandelbare, formenreiche Typen, wie es unsere sämmtlichen Cultur- und Treibhaus-Gewächse sind, welche meist aus fernen Ländern eingeführt oder sonst ihren natürlichen Verhältnissen entrissen wurden. Je schwächer aber der Widerstand, desto eher wird jener Punkt überschritten und ein abnormer Zustand herbeigeführt werden, welcher, wo nicht gleichbedeutend mit Krankheit, doch die Einleitung, die Disposition oder Anlage dazu ist. In diesem einfachen Gedanken liegt das ganze Räthsel der so häufigen Erkrankung unserer Culturgewächse wie Zuchtthiere, hierin die Grundursache der Plagen unsers Jahrhunderts, jener gleichzeitig mit der Raupenepidemie, aber in noch grösserem Umfange aufgetretenen Pflanzenseuchen, welche als furchtbare Geissel in unsern

---

*) O. Sendtner (die Vegetationsverhältnisse Südbayerns, München, 1854, S. 592) nennt dieses Gewächs geradezu „berüchtigt."

Tagen über alle Länder Europas dahinzogen und bisher mit ebenso geringem Erfolg wie jene bekämpft wurden. In der Weinrebe wie in der Kartoffelpflanze haben wir es mit ursprünglich fremden Gewächsen zu thun, mit Gewächsen, welche wie der Seidenwurm in nicht allzufernen historischen Zeiten erst bei uns eingeführt wurden und dabei das Unglück hatten ebenfalls aus einem continentalen Gebirgsklima (Kleinasiens und Süd-Americas) in die Insel- oder Küstenklimata von Europa zu gerathen, wo sie gleich jenem erst nach Jahrhunderten endlich einer verheerenden Epidemie zu erliegen drohn, die hier eine Reihe von ausserordentlich nassen Jahrgängen zum Ausbruch gebracht hat. Diese Analogie geht aber noch weiter. Auch hier, wie beim Seidenwurm, war zugleich eine mehrhundertjährige Cultur, neben und mit jenen klimatischen Einflüssen, auf's eifrigste bemüht das normale natürliche Gleichgewicht der Kräfte und die harmonische Entwicklung der Theile im gezüchteten Pflanzen-Organismus gewaltsam zu stören, indem sie durch Anwendung der raffinirtesten Mittel, wie reizender Nahrungsmittel (animalischen Düngers) und beschränkender Beschneidungskünste, wie beim Weinstock, das Gewächs zu einer übermässigen Blüthen- und Beeren-Entwicklung, somit zu einer unnatürlichen Beschränkung der vegetativen Organe gegenüber der reproductiven Sphäre gezwungen, oder wie bei der Kartoffelpflanze, die Bildung gewisser unwesentlicher Nebenorgane, (deren die Species vielleicht nur in ihren ursprünglichen heimathlichen oder denselben analogen Verhältnissen und auch hier nicht in diesem Maasse bedurfte) auf Kosten edlerer Pflanzentheile in massloser Weise begünstiget und ausgebeutet hat. Hier wie dort trägt also die unersättliche Habsucht des Menschengeschlechts die erste Schuld am Unglück und hat durch die Cultur selbst den Grund zu jenen Krankheiten gelegt, als deren Urheber man schon Alles in der Welt, bald die Luft bald das Wasser, bald den Himmel bald die Erde — nur ja nicht sich selbst angeklagt hat. Hier wie dort ging oder geht sogar noch eine Klasse von Naturforschern mit einer unbegreiflichen Inconsequenz so weit, gewissen niedrigen Pflanzengebilden (Pilzen), die man sonst wegen ihres stetigen parasitischen Vorkommens auf absterbenden, in Zersetzung begriffenen organischen Körpern, auf Thier- und Pflanzenleichen — schon die „Hyänen des Gewächsreiches" genannt hat, als die eigentlichen Urheber des Uebels zu erklären, die mit Feuer und Schwefel und allen erdenklichen Mitteln zu vertilgen seien. — ohne dabei zu bedenken, dass sie damit eigentlich zugegeben was sie bestreiten wollten: nämlich eine dem Auftreten der Pilzvegetation im Culturgewächs vorausgegangene Zersetzung der Säfte. Und doch hatte Hugo v. Mohl, einer der Begründer der heutigen anatomisch-physiologischen Richtung in der wissenschaftlichen Botanik, schon vor 24 Jahren zwar kurz aber klar und bestimmt ausgesprochen, was wir hier weiter auszuführen und anzuwenden versucht haben: „Die landwirthschaftlichen Gewächse, deren ganzes Dasein ein erzwungenes ist, die ohne Kunsthülfe beinahe alle in wenigen Jahren aus unsern Gegenden verschwunden wären, sind in naturhistorischer Hinsicht als wahre, durch widernatürliche Einflüsse entstandene Monstra zu betrachten, die daher den Beobachter der Gefahr aussetzen, manche Einflüsse für zuträglich zu erachten, während sie nur geeignet sind, Missgestalten hervorzurufen, welche kaum weniger abscheulich sind, als die Kröpfe und der Kretinismus, welche Walliser Luft und Wasser zur Folge haben!"— *)

Erst die bittern Erfahrungen und Enttäuschungen der letzten Jahre scheinen unsern Practikern und Theoretikern nach und nach die Augen zu öffnen. Und zwar sind es gerade unsere Seidenzüchter, welche sich am ersten von der Nichtigkeit aller Specifica überzeugt haben, und nun auf dem besten Wege zu einer richtigen Anschauung der Sache sich befinden. Während jetzt der Landwirth seine kranken Kartoffelfelder mit grosser Resignation zumeist der Gunst des Himmels und ihrem Schicksale überlässt, während der Weinbauer noch immer und mit steigendem Eifer gegen die verhasste Parasitenbrut mit Schwefel zu Felde zieht, und mit jedem Frühling den tückischen Feind endlich vernichtet wähnt, ihn aber in den Sommermonaten jedesmal um so gewisser richtig wiederkehren und nach wie vor das Feld behaupten sieht, erkennt bereits der grössere Theil unserer Seidenzüchter in der „schlechten Nahrung" die Hauptquelle des Uebels**) und nimmt damit also

---

*) H. v. Mohl, über den Einfluss des Bodens auf die Vertheilung der Alpenpflanzen (1837). Vermischte Schriften (1845) S. 397.

**) Schon in einem Schreiben zweier Seidenindustriellen, Chazel und Reidan, aus Algier vom 27. Juli 1859 an den Präsidenten des Pariser Acclimatisationsvereines (s. Bulletin d'acclimat. VI (1859)

schon eine Verderbniss des Maulbeerblattes an, welche er mit der Trauben- und Kartoffelkrankheit in Zusammenhang bringt, und wogegen nur Radicalmittel etwas helfen können. Zu einer solchen Annahme sieht sich aber der Practiker genöthiget, ohne dass bisher auf dem Maulbeerbaume die äusseren Spuren des innerlichen Uebels, ohne dass sich da irgend eine neue Pilzart gezeigt hätte, was wir jenen Pilztheoretikern in der Wein- und Kartoffelkrankheit ganz besonders zu bedenken geben. Was das Wesen dieser Entartung des Morusblattes betrifft, so kann man darüber einstweilen nur Muthmaassungen hegen, so lange nicht durch zahlreiche vergleichende chemische Analysen, namentlich auch von in China selbst producirtem Laube, mehr Aufklärung in die Sache gebracht worden. Bei einem Blick auf die oben mitgetheilte Analyse des europ. Maulbeerblattes finden wir es immerhin auffallend, dass aus jener Gruppe von Stoffen, deren Vorkommen wir oben sonst fast in sämmtlichen Futtergewächsen der Seidenspinner nachgewiesen und als wesentlich für dieselben zu erkennen geglaubt haben, gerade einer der wichtigsten in unserm Maulbeerbaume sich nicht vorfindet. Wir meinen den **Gerbstoff**, welcher doch in der Familie der Moreen sonst sehr verbreitet und namentlich in den südlichern Arten (wie in Morus tinctoria, dem gelben Brasilienholze) reichlich vorhanden ist. Dagegen weist die Analyse von Lassaigne im Maulbeerblatte einen andern Stoff nach, welchen wir in den übrigen seidenraupennährenden Gewächsen nicht zu finden gewohnt waren: nämlich **äpfelsauren Kalk**. Sollte demnach die Dyskrasie des Maulbeerbaumes wirklich in einer übermässigen oder abnormen **Säurebildung** beruhen? Sollte aber gerade eine **derartige** abnorme Beschaffenheit des Futters nicht auch eine analoge krankhafte Erscheinung im Zuchtinsect hervorrufen können? Indem wir die Beantwortung dieser wichtigen Fragen der physiologischen

---

p. 472) finden wir diesen Gedanken ausgesprochen. Sie behaupten die Krankheit des Seidenwurmes stecke eigentlich im Maulbeerblatt selbst und ergreife dieses erst bei seiner vollkommenen Entwicklung. Sie empfehlen daher die Verfütterung von noch nicht völlig entwickelten Blättern, und zwar bis zum 3. Alter solche vom Morus multicaulis, der in Algier einen Monat früher als der gewöhnliche Morus schon Blätter gebe, und hierauf solche vom letzteren. — Viele unserer schweiz. Seidenzüchter erblicken dagegen nur im „unreifen Laube" ihrer Maulbeerbäume, die sie übrigens als gesund betrachten, die Ursache der Raupenkrankheit. —

Chemie zur Aufgabe stellen möchten, freuen wir uns, hier schliesslich noch auf die ebenso interessanten als folgewichtigen Resultate*) der neuesten Forschungen von Hr. Dr. Chavannes „über die herrschenden Krankheiten des Seidenwurms" hinweisen zu können. Unser gelehrter Landsmann, der sich um die Acclimatisation der neuen Eichenseidenraupe Ostindiens (B. Mylitta) schon so grosse Verdienste erworben hat, erklärt, gestützt auf die eingehendsten mikroskopischen Untersuchungen diese Raupenkrankheiten in der That als Dyskrasien, welche in einer Harnsäure- und Hippursäure-Vergiftung des Insecten-Blutes bestehen (als Urämien und Hippurämien, wovon er hier drei Formen unterscheidet). Er läugnet daher die Contagiösität, hebt aber um so mehr die Erblichkeit dieser Krankheiten und ihrer Anlagen hervor. So kommt denn Dr. Chavannes auf rationellem naturwissenschaftlichen Wege zum Schluss, Saamen-Züchtereien im Freien auf den Bäumen selbst als das sicherste Regenerationsmittel für die kranken Racen des Seidenwurms zu empfehlen.

Diese Resultate der verdienstvollen Forschungen unsers verehrten Hr. Landsmanns stimmen nun in wirklich überraschender Weise mit den Schlussfolgerungen überein, zu welchen wir oben auf einem von dem seinigen ganz verschiedenen Wege gelangt sind. Ja sie erscheinen uns wie die ergänzenden Schlusssteine zu dem hier von uns versuchten Gedankenbau, wo wie bei einem Gewölbe ein Stein den andern stüzt, jeder das Ganze tragen hilft, und Alles wieder einzustürzen droht, so lange der bindende Schlusssatz fehlt. —

Diese Resultate sind aber auch für die vorliegende Acclimatisationsfrage der Fagara-Raupe von der grössten Bedeutung. Denn da dieses Seideninsect auch bei uns auf seinen Nahrungspflanzen im Freien gezüchtet werden kann, so fällt damit eine Reihe der bedeutendsten Uebelstände und Krankheitsursachen von selbst hinweg, welche die künstliche Züchtung in eingeschlossenen Räumen nothwendig mit sich bringen muss, und darf man daher zuversichtlich hoffen, dass diese neue Seidenindustrie, so lange sie sich innerhalb naturgemässen Schranken

---

*) Mitgetheilt im VII. Bande (1860) des Bullet. d. l. soc. imp. zool. d'acclimatation" auf pag. 141—142 (Sitzung vom 20. Januar 1860) und uns erst beim Schlusse dieser Abhandlung bekannt geworden.

bewegt, von einer ähnlichen Calamität verschont bleiben werde, wie diejenige welche heute die ganze Seidenzucht des Abendlandes, diese Jahrhunderte hindurch reichlich fliessende Quelle des Wohlstandes, mit dem Untergange bedroht. —

Es würde uns nun noch erübrigen nachzuweisen, welche unter den unsern Botanikern bisher bekannt gewordenen Rhamnus-Arten in dem oben (nach einheimischen Quellen) festgestellten chinesischen Verbreitungsbezirke des *tsche*-Strauches vorkommen, und sodann ob auch nach Allem Uebrigen, was wir von jenen Gewächsen wissen, wirklich ihre Identität mit dieser für uns so wichtigen Futter- und Surogatpflanze anzunehmen sei? Da jedoch unsere Abhandlung den ihr zugemessenen Raum bereits überschritten hat, so müssen wir uns darauf beschränken, dem Leser mit Uebergehung allen Details hier nun noch in aller Kürze das Resultat unserer dahinzielenden Nachforschungen mitzutheilen. Von einer oder zwei einzigen Arten der Gattung Rhamnus ist das Vorkomnen in jenem Gebiete zur Zeit unzweifelhaft nachgewiesen. Es sind jene Kreuzdorn-Arten, welche unter dem (chinesischen) Namen *Lo-sa* oder *lo-chou* seit etwa einem Decennium, namentlich durch Franzosen und Engländer in Europa bekannt geworden und in den letzten Jahren viel Interesse erregt haben, als diejenigen Gewächse, welche jenen schon seit dem Jahre 1845 bekannten kostbaren grünen Farbstoff *Lo-kao*, das jetzt so berühmte „Chinagrün" liefern.*) Diesem glücklichen Umstande und der dadurch seither veranlassten Acclimatisation dieser Pflanzen in Frankreich (namentlich bei Lyon) haben wir es zu verdanken, dass wir ihren botanischen Charakter und ihre Heimath jetzt genau kennen. Nun ist aber gerade unsere viel genannte Gebirgs-Provinz Sze-tschuan, aus welcher die der franz. Gesandtschaft nach China beigegebenen Handels-Delegirten damals zu Kanton von diesem Farbstoffe und von seinem vegetabilischen Ursprung die erste Kunde erhielten. Die spätern Nachrichten

---

*) Durch die gütige Zuvorkommenheit des Hr. Prof. Dr. Bolley, Directors des schweizerischen Polytechnicums, war es uns vergönnt, das wichtigste Originalwerk über diesen Gegenstand benutzen zu können, welches bisher leider nicht in den Buchhandel gekommen ist. Es ist das auf Anordnung der Lyoner Handelskammer herausgegebene sehr reichhaltige Buch von Natalis Rondot: „Notice du vert de Chine", mit chemisch-technischen Beiträgen von J. Persoz und A. F. Michel. Paris, 1858, 8° pag. 1—207. —

sprechen zwar allerdings mehr von den Küstenprovinzen (Fokien, Kiangsu und namentlich Tschekiang), weil diese von den europäischen Reisenden und Missionären eben häufiger besucht werden. Aber einerseits widersprechen sich die verschiedenen Angaben über diesen Punkt, sowie über die Frage, welche Art die wildwachsende sei, zu sehr, als dass darauf einstweilen ein grosses Gewicht gelegt werden könnte, und anderseits scheinen die gebirgigen Theile der zuletzt genannten drei Provinzen mit der erstgenannten ziemlich übereinstimmende klimatische und Vegetationsverhältnisse zu besitzen. Nach den zuverlässigsten Beobachtern (Fortune und Edkins) ist der *pa-bi-losa*, d. h. diejenige Art, welche Decaisne als Rhamnus chlorophorus beschrieben hat, wirklich die wildwachsende Pflanze der Berge während die andere Art, Rhamnus utilis Decaisne (der *kombi-lo-sa*), mehr in den fruchtbaren Niederungen wachsen und gezogen werden soll. Diesen Eindruck macht auf uns auch der verchiedene Habitus der beiden Arten. *Rhamnus chlorophorus* Decsne., — nach Lindley identisch mit *Rh. globosus* Bunge (Enum. pl. Chinae bor. in Mém. de l'Acad. Imp. de St. Petersb." 1835 II, p. 88) aus der Umgebung von Peking, und dieser (nach Bunge selbst) vielleicht dieselbe Pflanze wie *Rh. virgatus* Roxb. aus dem Himalaya — welche alle in die Section *Cervispina* De. gehören — ist auch diejenige Art, welche in allen Stücken am besten mit der Beschreibung des *tsche*-Strauches übereinstimmt. Von unsern einheimischen Arten ist er mit dem *Rhamnus tinctorius Waldst.* (aus Ungarn), dieser aber mit dem gemeinen Kreuzdorn (*Rh. catharticus L.*) unserer Ebenen und Berge (in den Alpen bis über 4000' vorzüglich auf Kalk) am nächsten verwandt, aus dessen Rinde nun, nach der glänzenden allerneuesten Entdeckung des Chemikers Felix Charvin aus Lyon, ebenfalls ein dem chinesischen Grün gleichkommender, ebenso werthvoller aber weit billigerer Farbstoff gewonnen werden kann. — —

Fünfter Abschnitt.

Ueber den Anbau
und
den vielfältigen Nutzen des Götterbaumes.

Der Götterbaum nimmt beinahe mit jeder Bodenart vorlieb. Man sieht ihn sowohl auf Schiefer- als auf Kalk- und Eisenboden, auch auf magerem und kieseligem Boden gedeihen. An einigen Orten Frankreichs, wie in den Departementen de l'Isère, des Basses-Alpes und du Var erblickt man ihn sogar auf einem steinigen, durch Gewässer entblössten Terrain, in welchem Falle letzteres durch die Wurzeln des Baumes auch befestigt wird. Im Departement du Lot gedeiht er auf Thonboden, ferner sieht man ihn in den sandigen Gegenden der „Landes" fortkommen. Bei Anduse hat man einen völlig unfruchtbaren Hügel mit Götterbäumen bepflanzt und auf diese Weise einen ausgezeichneten Baumschlag erzielt. Bei Potsdam sollen sie nach Fintelmann ohne alle Pflege in trockenem Quarzsande stehen*), und während des trockenen Sommers 1859 sehr gut fortgekommen sein, während andere Gehölze neben ihnen verschmachteten. Wie den Maulbeerbaum kann man ihn sowohl durch den Samen, als durch Wurzelsprösslinge vervielfältigen. Bei den ersten Zuchten pflanzte man ihn allgemein auf letztere Weise fort, seitdem er aber Samen liefert, wird er einfach durch den letztern selbst erzielt. Gegen Mitte Mai oder auch etwas später kommt er in die Entwicklung und verliert seine Blätter im Laufe Octobers. Der Same reift im Herbst und man kann

---

*) Nach C. Ritter's Erdkunde besteht die Halbinsel Schantung, die Heimath des Fagara-Spinners, wahrscheinlich aus einer granitischen Gebirgsart.

denselben vom November bis in den Januar einsammeln. Zur Vermeidung von Gährung muss man ihn trocken einsammeln. Er wird im Februar, März oder April gesäet, entweder in Reihen oder auf Rabatten und braucht nicht tiefer als 1—2 Centimeter unter die Erde gebracht zu werden. 3—4 Wochen nach der Aussaat kommen gewöhnlich schon junge Pflanzen zum Vorschein

Mit Ausnahme des Abornsamens dürfte es wohl keinen andern geben, der so schnell keimt, denn nicht selten erhält man in demselben Jahre noch Pflänzchen von 30—50 Centimeter.

Im Frühjahre 1860 säete man in der Besitzung des Marquis de Selve à la Ferté-Alops bei Etampes 60 Kilo Ailantussamen aus, welche Aussaat Sämlinge für mehr als 500 Hektaren (1385 Schw. Jucharten) liefern soll.

Nach im Boulognerwäldchen gemachten Erfahrungen geben Wurzelstücke, welche wie Erdäpfel in die Erde gesteckt werden, in weniger als einem Monate und im hohen Sommer Triebe und bei Nièvre erhielt man durch eine, im Frühjahre 1860 auf diese Weise ausgeführte Pflanzung noch in demselben Jahre kräftige Pflanzen von 30—50 Centimeter.

Guérin-Méneville lässt in der Domäne des Kaisers à la Motte-Beuvron die Bäume in Reihen, jene in Abständen von einem Meter, letztere von zwei Meter, anpflanzen. Diese Pflanzungsweise, welche man mit der Zeit vielleicht abändern wird, hat die Bildung einer Art von Hecken zum Zwecke, welche aus sich berührenden Büschen bestehen, so dass die Raupen ohne Hülfe des Menschen von einem Busche auf den andern auswandern können. Wenn diese Hecken bei einer mittelmässigen Höhe gehalten und zu dem Ende abgeköpft (gekappt) werden, so erleichtern sie sowohl das Hinlegen der Raupen als das Ernten der Cocons.

Findet man es für gut, so kann man auch von 5 zu 5 Meter einen Gipfeltrieb durchwachsen lassen, welcher allerlei Vogelscheuchen zum Anhaltspunkte dienen kann. Ferner sollte man von der Seite des herrschenden Windes die erste Baumreihe sich mehr entwickeln lassen, damit sie als Schutz für die übrige Pflanzung diene.

Einzäunungen erweisen sich als überflüssig. In Folge des unangenehmen, jedoch sehr flüchtigen Geruches, welchen die jungen Blätter des Ailantus bekanntlich von sich geben, greift kein Hausthier die Bäume an und hat man dieselben aus diesem Grunde auf den Gemeindeweiden der Appeninen allen andern schattengebenden Bäumen vorgezogen und schon längst angepflanzt. Den Geruch der Blüthen anbetreffend, so wird derselbe niemals Jemanden belästigen, da der Schnitt, den man dem Baume erleiden lässt, ihm niemals zu blühen erlaubt.

Wenn man Stämme von 4—5 Meter Höhe pflanzt, so wird man sie sogleich auf 30—40 Centimeter vom Boden zurückschneiden können. Sind die Pflanzen aber noch jung, so wird man gut thun, mit dem Abkappen zuzuwarten, bis dass sie älter geworden sind; denn weil sie in der Regel noch viel Mark enthalten, so können sie durch den an der Stelle des Schnittes eindringenden Regen leicht Schaden nehmen. Pépin, der eine kleine Ailantus-Baumschule im Acclimatisationsgarten des Boulognerwäldchens besorgte, liess die Bäumchen fast ganz am Boden abschneiden, in Folge dessen sie sofort mehrere sehr kräftige Schösslinge hervorbrachten.

Indem der Götterbaum dem Schatten benachbarter Bäume Trotz zu bieten vermag, eignet er sich, wie erwiesen ist, vorzüglich für die Bepflanzung von Waldlichtungen (Rüten, Schwenden), und dies um so mehr, als bei unausgesetztem Treiben von Wurzelschösslingen einige Stämme genügen, um eine weite Fläche zu besetzen. Von allen zum Schlage verwendbaren Arten vermehrt sich der Götterbaum am schnellsten und erlaubt deshalb die zahlreichsten Schläge. Ueberhaupt kennt man keinen andern Baum, dessen Vermehrung leichter wäre, der sich ferner mit einem mittelmässigem Erdreich begnügen würde, als den Götterbaum.

Von 15—20,000 Sämlingen, welche aus dem Samenbeete verpflanzt worden waren, konnte Guérin-Méneville im Winter kein einziges Exemplar finden, das ausgeblieben wäre. Bei einer grossen Anzahl war zwar der Trieb bis zum Boden zurückgefroren, allein diese hatten seitliche Knospen hervorgebracht und befanden sich später in demselben Zustande wie diejenigen, welche beim Pflanzen zurückgeschnitten worden waren.

Ueber die Verwendung des Ailantus zur Befestigung des Erdreiches geben uns die *Annales forestières et metallurgiques* vom Monat März dieses Jahres eine sehr interessante Mittheilung. Die Baumlosigkeit der südrussischen Steppen findet ihren Hauptgrund in dem felsigen (granitischen und kalkigen) Untergrunde, welcher den Wurzeln der Bäume jeden Eingang wehrt. Nach jener Zeitschrift versuchte ein russischer

Gutsbesitzer in Odessa vor etwa 16 Jahren solche Bodenstrecken welche überdiess aus Sandschichten von mindestens 30 Centimetern Dicke bestunden und bei jeder Aenderung des Windes sehr lästige Hügel aufwarfen, mit Acazien und Strandföhren zu bepflanzen, allein selbst diese Bäume wollten auf jenem unfruchtbaren Boden nicht fortkommen. Da er von den Eigenschaften des Ailantus und namentlich von seiner grossen wurzeltreibenden Kraft vernommen hatte, so nahm er endlich zu diesem seine Zuflucht und es gelang ihm mit demselben auch vollkommen den Boden zu befestigen. Auf diesen ersten Erfolg hin liess der erwähnte Gutsbesitzer ansehnliche Flächen mit Götterbäumen bepflanzen und schuf so auf einem unfruchtbaren und lockern Boden starke Schläge, welche gegenwärtig einen sehr schönen Ertrag abwerfen und überdiess die Landschaft verschönern. Die Bäume wucherten so sehr, hauptsächlich indem sie Schösslinge trieben, dass sich heute dort ein wahrer, beinahe undurchdringlicher Wald gebildet haben soll. Das Verfahren wurde natürlich bald nachgeahmt, man macht nun jedes Jahr beträchtliche Aussaaten und der Ailantus ist gegenwärtig in jenen Gegenden so gemein, dass man in Paris zur Ausführung der im letzten Winter ertheilten Bestellungen aus Odessa mehrere Hundert Kilo Samen konnte kommen lassen.

Was endlich das Holz des Götterbaumes anbetrifft, so ist dasselbe ziemlich spröde, vielleicht zu Parqueteriearbeiten verwendbar, erreicht aber in dieser Beziehung den Werth des Nussbaumholzes bei Weitem nicht. Uebrigens hat der Ailantus keine Zeit, Holz zu liefern, indem er der Seide und nicht des Holzes wegen angebaut wird. Dagegen hat Hétet, Professor der Medicin an der Marineschule in Toulon, gefunden, dass seine Rinde ein ausgezeichnetes Mittel gegen den Bandwurm darbietet.... So wird also der Götterbaum, der bis in die letzten Jahre nur Interesse als Zierpflanze hatte, uns in der Folge einen ausgezeichneten Kleidungsstoff liefern, indem er in seinen Blättern den Nahrungsstoff für die neue Seidenraupe birgt. Zu der nämlichen Zeit aber wird er durch die Producte seiner Rinde ein werthvolles Medikament gegen die gefürchteten Eingeweidewürmer darbieten. —

Sechster Abschnitt.

Ein Blick

auf den

gegenwärtigen Stand der Floretseidenspinnerei

in der Schweiz.

Ausser einigen hundert Zentnern, welche die Schweiz an Rohstoff — *Frisons, Strussi, Gallettame etc.* — für die Floretspinnerei producirt, wird der weitaus grösste Theil aus Italien, weniger aus der Provence, der Levante und aus Spanien bezogen.

Eingeführt wurden 1858 — 10,183 Zentner.
1859 — 11,739 „
1860 — 13,525 „

Die Misserndten der Seidenzucht in den letzten Jahren haben vorzugsweise nachtheilig auf unsere Floretspinnerei eingewirkt, indem sich der Seidenfabrikant mit dem Bezug von ostindischer und chinesischer Seide zu helfen wusste, während der Floretspinner nicht im Stande war, in so kurzer Zeit neue und entfernte Bezugsquellen aufzusuchen. Die Preise des Rohstoffes stiegen um 75 % und dessenungeachtet war Waare nur schwer zu haben. Jetzt haben sich die Verhältnisse zwar wieder gebessert und es sind folgendes die Notirungen, welche ein Basler Haus so freundlich war, uns vor einiger Zeit mitzutheilen:

Matière première für Floretseide:

Cocons percés . . frs. 8 à 9 per Kilo.
Strusi . . . . . 8 à 10 - -
franco Basel.

Ist uns bekannt, dass auf 2 Pfund Rohseide stets 3 Pfund Abfall gehen, so lässt sich aus der inländischen Rohseidenproduction, welche ca. 650 Zentner beträgt, auch die eigene Production an Seidenabfällen berechnen. Diese beträgt hienach

975 Zentner.
Rechnen wir hiezu die durchschnittliche
Einfuhr, welche nach obigen Mittheilungen . 11,816 -

beträgt, so ergeben sich . . . . 12,791 Zentner.
welche von den schweiz. Floretspinnereien jährlich verarbeitet werden.

In der Schweiz befinden sich gegenwärtig 13 Floretspinnereien und nach dem Urtheile von Sachverständigen mag sich die Gesammtzahl der Spindeln, welche in denselben thätig sind, auf 36,000 belaufen. Eine Spindel verarbeitet jährlich im Durchschnitte 35 Pfund, es müssen hienach jene 36,000 Spindeln 12,600 Zentner an Rohstoff verarbeiten, welche Summe mit der oben angeführten, amtlichen Quellen enthobenen, vollkommen übereinstimmt.

Berechnet man den Rohstoff zu dem Durchschnittspreise von 4^1/$_2$ frs. per ℔, so ergiebt sich eine Summe von 5,317,200 frs., welche unsere Floretspinner im Durchschnitte per Jahr an ausländische Producenten abgegeben haben.

Der Manufacturzweig, mit dem wir uns hier beschäftigen, hat für unser Vaterland hauptsächlich aus dem Grunde eine grosse Bedeutung, weil durch ihn in den unwirthbarsten Gegenden der Schweiz Hunderte von Arbeitern beschäftigt werden. Es theilt sich die Arbeit nämlich in diejenige der Fabrik selbst und in die, welche ausserhalb derselben stattfindet. Es liegen uns genaue Angaben über 6 Spinnereien vor. Hiernach sind ca. 1410 Arbeiter in den Etablissements selbst beschäftigt, darunter 530 Kinder über 14 Jahren; der Durchschnittslohn der letztern beträgt 60 ct., derjenige der Erwachsenen 1—1^1/$_2$ frs., unter diesen befinden sich 232 männliche und 648 weibliche Arbeiter. Um den Taglohn zu ermitteln, welchen sämmtliche Spinnereien zahlen, nehmen wir nach dem Maasstabe der gegebenen Verhältnisse an, dass ca. 17 Spindeln auf einen Arbeiter fallen. Auf 36,000 Spindeln kommen hienach ca. 2000 Arbeiter und von diesen erhalten

752 Kinder = 37 % à 60 ct.	135,360 frs
919 weibliche Arbeiter = 46 % à 1 frs.	275,700 „
329 männliche „ = 17 % à 1½ frs.	148,050 „

Die Zahl der ausserhalb der Fabriken und für dieselben beschäftigten Arbeiter mag sich auf ca. 4—5000 belaufen. Es werden durchschnittlich 55 ct. als Arbeitslohn per ū bezahlt, also für die jährlich verarbeitete Quantität . . . . 703,505 „

Summa des Arbeitslohnes der Floretspinnereien 1,262,615 frs.

Kein anderer Zweig der Gespinnst- und Gewebeindustrie beschäftigt verhältnissmässig mehr Arbeiter und zahlt mehr Arbeitslohn als die Floretspinnerei, wenn auch der Lohn an und für sich nur gering ist, indem vorzugsweise nur Kinder, weibliche und schwächliche Personen zur Arbeit verwendet werden.

Unsere Gespinnste (*chappes suisses*) zeichnen sich durch wohlfeilere, hauptsächlich aber bessere Zubereitung des Rohstoffes aus und haben daher auf allen ausländischen Consumtionsplätzen den Vorzug. Der grösste Theil wird nach Frankreich, Preussen, Sachsen und Oesterreich, meistens auf directe feste Bestellungen hin exportirt.

Schluss.

Mag man sich über die Zukunft des neuen Gespinnstmaterials gegenwärtig auch zu grossen Hoffnungen hingeben, so kann nach den bisherigen Erfahrungen doch kein Zweifel mehr obwalten, dass unser Vaterland mit einigen ausgedehnten Zuchten die alljährlichen enormen Einfuhren an Seidenabfällen sich vollständig ersparen könnte. Die folgenden Berechnungen mögen darlegen, welches Flächeninhaltes man zu diesem Zwecke bedarf.

10 leere Cocons wiegen			3^{35} Grammen.		
2390 „ „ „			800^{65}	„	
10 „ „ liefern			2^{55}	„	an reiner Seide.
2390 „ „ „			609^{45}	„	„ „ „ „

10 Kilo Blätter liefern 1 Kilo frischer Cocons oder 609 ⁴⁵ Grammen an reiner Seidenmaterie.

Nach den bisherigen Erfahrungen kann eine Ailantuspflanzung von einer Hektare einen Laubertrag von 15000 Kilo abwerfen, welche Quantität somit 914175 Grammen an reiner Seide produciren kann. 1 Hektare = 2^{777} Schweizer Jucharten.

Eine Juchart vermag somit 658 Pfund an reiner Seide zu liefern.

Die jährliche Einfuhr an Seidenabfällen betrug im Durchschnitte der letzten 3 Jahre 11816 Zentner, nach unsern Daten bedarf es also eines Flächeninhaltes von 1795 Jucharten, um diese Einfuhren, für welche jährlich beinahe 5½ Millionen Franken in's Ausland wandern, vollständig zu decken. So würden wir denn ein inländisches Product verarbeiten und unser Geld im Lande behalten. Wird aber die Production bei jenen Ziffern stehen bleiben? — Dies ist kaum anzunehmen. Wir sind vielmehr der Ansicht — und Alles scheint darauf hinzudeuten — dass die neue Seide mit der Zeit, ähnlich der Baumwolle, die Rolle eines allgemeinen Bekleidungsmateriales übernehmen wird. Und warum sollte sie es nicht? Wir finden in Wahrheit keinen Einwurf, der sich hiegegen erheben liesse. Wenn andere Völker, wie z. B. die ostasiatischen Nationen, sich der Seide seit Jahrhunderten als allgemeinem Bekleidungsstoffe — ja selbst zu Fischernetzen und zu dem Tauwerk der Schiffe — bedienen, so werden wir civilisirte Europäer hoffentlich auch dahin gelangen können. Ihr Glanz, ihre Leichtigkeit, ihre grosse Dauerhaftigkeit und andere schätzenswerthe Eigenschaften räumen ihr als Stoff zu Kleidungsstücken unter allen Geweben unstreitig den ersten Rang ein. Als schlechter Wärmeleiter wird sie weder durch die Kälte von draussen abkühlen, noch in der Hitze warm werden, sie wird hier wie dort zur Erhaltung unserer Eigenwärme beitragen und somit im Sommer eben so kühl als im Winter warm halten.

Sehen wir auch von diesen Eigenschaften ab, sehen wir ab von den grossen Vortheilen, welche die Schweiz, resp. Europa aus ihrer Cultur ziehen wird, so bleibt ihr in unsern Augen noch eine hohe Aufgabe zu erfüllen übrig. Wenn nämlich die Geschichte der Baumwolle gleichbedeutend ist mit der Geschichte der Sclaverei in den Vereinigten Staaten, wenn kein Mittel jene traurige, von Jahr zu Jahr in immer trostloserer Gestalt auftretende Frage zu lösen vermag, so kann vielleicht eine allgemeine Verbreitung der neuen Seidencultur zu einer Verminderung jenes Uebels beitragen. Möchte sie, was unser aufrichtigster Wunsch ist, den Bestand der Sclaverei um so viel mehr erschweren, als Whitney's Erfindung zu ihrer Verbreitung beigetragen hat! . . . .

Die gegenwärtig bestehenden Baumwollspinnereien werden mit einer kleinen Modification ihrer jetzigen Einrichtung das neue Material verarbeiten können. Während dieselben aber ihre Arbeiter nur in der Stickluft der Fabriksäle zu beschäftigen vermögen, kann die Seidenindustrie ausser der Fabrik Tausenden von Menschen einen ausreichenden Arbeitslohn verschaffen. „Sie würde also hoffentlich eine der klaffenden Wunden lindern helfen, welche die fortschreitende Civilisation mit Trauer jeden Tag neu aufbrechen sieht".

Inhalt.

	Pag.
Einleitendes Vorwort	IV
Erster Abschnitt:	
Geschichte der Fagara-Seidenraupe	1
Zweiter Abschnitt:	
Von den Eiern, Raupen und Cocons der Fagara-Seidenraupe	8
Das Ei	
Die Raupe	9
Ueber die Bildung der Seidenfaser	11
Einspinnen der Raupen	13
Der Cocon	14
Dritter Abschnitt:	
Ueber die Zucht der Fagara-Seidenraupe	22
Allgemeine Bemerkungen	
Erste Zucht	23
Zweite Zucht	29
Ueber Kreuzungen zwischen der Ricinus- und der Fagara-Seidenraupe	33
Vierter Abschnitt:	
Ueber die Futterpflanzen der Fagara-Seidenraupe	36
Fünfter Abschnitt:	
Ueber den Anbau und den vielfältigen Nutzen des Götterbaumes	77
Sechster Abschnitt:	
Ein Blick auf den gegenwärtigen Stand der Floretseidenspinnerei in der Schweiz	81
Schlusswort	83